VIVRE AVEC NOS MORTS

Delphine Horvilleur est rabbin. Elle officie au sein du Judaïsme en Mouvement et dirige la rédaction de la revue d'art, de pensée et de créativité juive *Tenou'a* depuis 2009. Elle est l'autrice entre autres de *En tenue d'Ève : féminin, pudeur et judaïsme*, *Comment les rabbins font les enfants*, *Des mille et une façons d'être juif ou musulman*, *Réflexions sur la question antisémite* et de *Vivre avec nos morts*.

Paru au Livre de Poche :

Comment les rabbins font les enfants

Réflexions sur la question antisémite

DELPHINE HORVILLEUR

Vivre avec nos morts

Petit traité de consolation

GRASSET

ISBN : 978-2-253-10482-7 – 1re publication LGF

À la mémoire de mon grand-père, Nathan Horvilleur

Et pour Samuel, Ella et Alma,
qui toujours me ramènent à la vie

« J'ai placé devant toi la vie et la mort, la bénédiction
et la malédiction. Tu choisiras la vie. »

Deutéronome 30:19

« La vie est l'ensemble des fonctions
capables d'utiliser la mort. »

Henri ATLAN

« Au fond, si la mort n'existait pas,
la vie perdrait son caractère comique. »

Romain GARY

AZRAËL

« La vie et la mort dans la main »

Juste avant le début d'une cérémonie au cimetière, mon téléphone sonne.

Je décroche : « Impossible de te parler maintenant. Je te rappelle juste après l'enterrement… »

La scène s'est si souvent répétée que mes amis ont fini par la tourner en dérision. Souvent, lorsqu'ils m'appellent, ils me demandent en plaisantant qui est mort aujourd'hui, et comment va la vie au cimetière. Ma fréquentation assidue de ce lieu où bien des gens ne vont jamais ou presque me vaut régulièrement de passer un interrogatoire : « Ça ne te fait rien d'approcher de si près la mort ? N'est-ce pas trop dur d'être si souvent aux côtés des endeuillés ? »

Depuis des années, j'esquive, en alternant les réponses de façon aléatoire : « Non, non, ça va, on s'habitue » – « Si, si, c'est terrible, le temps n'y change rien » – « En fait, ça dépend des jours et des situations » – « Bonne question, je vous remercie de me l'avoir posée »...

En vérité, je n'en sais rien. J'ignore l'effet que la mort a sur les vivants qui l'approchent ou l'accompagnent. Je serais incapable de dire l'influence qu'elle a sur moi, ne sachant pas quelle femme j'aurais été si j'avais pris soin de m'en tenir éloignée.

En revanche, je sais qu'avec le temps, j'ai adopté quelques rites ou habitudes que certains appelleraient des gestes conjuratoires ou des troubles obsessionnels compulsifs, qui m'aident de façon très arbitraire à limiter sa place dans mon existence.

De retour du cimetière, j'ai par exemple pour tradition de ne jamais rentrer directement chez moi. Après une inhumation, je m'impose toujours un détour par un café, un magasin, peu importe. Je crée un sas symbolique entre la mort et ma maison. Pas question de la ramener chez moi. Il me faut à tout prix la semer, la laisser ailleurs, près d'une tasse de café, dans un musée ou une cabine d'essayage, et m'assurer ainsi qu'elle perde ma trace et ne trouve surtout pas mon adresse.

Dans la tradition juive, mille récits racontent que la mort peut vous suivre, mais qu'il existe des moyens de l'envoyer promener, et faire en sorte qu'elle n'arrive pas à vous pister. De nombreuses légendes la mettent en scène, sous les traits d'un ange, qui visite nos maisons et se promène dans nos villes.

Ce personnage a même un nom, Azraël, l'ange de la mort. On raconte qu'une épée à la main, il rôderait dans les parages de ceux qu'il est venu frapper. Ce ne sont que des récits superstitieux mais ils donnent lieu à des pratiques originales. Par exemple, dans de nombreuses familles juives, lorsque quelqu'un tombe malade, on lui attribue un autre prénom. Son identité est changée, afin d'induire en erreur l'être surnaturel qui aurait la mauvaise idée de venir le chercher. Imaginez que l'ange de la mort sonne à votre porte pour réclamer la vie d'un certain Moshé, vous pourrez alors tranquillement lui répondre : « Désolé, aucun Moshé n'habite ici. Vous êtes chez Salomon. » Et l'ange, penaud, pourra s'excuser de vous avoir dérangé, faire demi-tour et s'éloigner.

Le stratagème prête à rire, mais il énonce une vérité subtile. Le propre de l'humanité est de croire qu'elle peut garder la mort à distance, créer des barrages et des récits, manigancer pour la tenir éloignée, ou se persuader que des rites ou des mots lui confèrent ce pouvoir.

La modernité, la médecine et ses plateaux techniques ont développé leurs propres méthodes. L'ange de la mort est, de nos jours, bel et bien tenu à distance de nos maisons, et il est invité à se présenter, de préférence aux heures de fermeture au public, dans les hôpitaux, les cliniques, les EHPAD ou les services des soins palliatifs. On considère qu'il n'a plus rien à faire chez nous. De moins en moins de gens meurent à la maison, comme pour protéger les vivants d'une morbidité qui n'aurait rien à y faire.

Je pense souvent à cette répartition des espaces, surtout quand je marche dans Paris et que je découvre des plaques sur les façades des vieux immeubles. Ici est mort Untel, c'est là qu'est décédée telle ou telle personnalité. Il est rare aujourd'hui que l'on sache s'il y a un mourant dans l'immeuble où l'on vit, et l'on évite soigneusement de penser à tous ceux qui se sont sans doute éteints un jour dans nos chambres à coucher. La mort a ses domaines réservés et l'on pense, en délimitant son territoire, la contraindre à se replier.

Mais parfois l'histoire, en ses imprévisibles scénarios, nous rappelle combien, malgré tous nos récits et nos tours de passe-passe, notre pouvoir est limité.

En 2020, à travers le monde, l'ange de la mort a décidé de nous visiter un peu partout, de frapper à la porte de chaque continent. À l'heure où j'écris ces lignes, il ne semble pas prêt à se laisser éconduire. Certes, c'est encore à l'hôpital et dans les services de réanimation, loin de nos maisons, que la mort frappe le plus souvent les malades du Covid, mais elle signale à l'humanité qu'elle a tout pouvoir de s'immiscer dans nos vies. Soudain la peur qu'elle touche un proche, qu'elle infiltre notre territoire est palpable. L'ange que nous voulions éloigner exige qu'on lui fasse de la place dans nos existences et dans nos sociétés. Il connaît notre nom, notre adresse, et ne se laissera pas tromper.

La pandémie est aussi venue bouleverser les rites funéraires et l'accompagnement du deuil. Comme tous ceux qui se tiennent aux côtés des mourants, j'ai été témoin ces derniers mois de situations que je n'aurais jamais imaginé vivre.

Des visites au chevet de malades, tandis que nos masques et nos gants privent d'un visage, d'un sourire ou d'une main tendue ceux qui partent ; l'isolement imposé à nos aînés pour les protéger d'une mort qui viendra quand même les visiter mais les trouvera désespérément seuls ; des enterrements à huis clos où l'on compte les présents, où l'on refuse aux endeuillés une embrassade ou une main serrée. Il nous a fallu vivre cela et nous dire qu'on y réfléchirait plus tard. Trop tard.

Un jour, au tout début du confinement, une famille m'a appelée. Ses membres étaient au cimetière, face au cercueil de leur père, sans personne à leurs côtés. Ils n'avaient demandé à aucun ami de les accompagner, ne voulant mettre qui que ce soit en danger. Mais ils ne connaissaient aucune prière juive, et me suppliaient de les assister à distance. J'ai ainsi murmuré pour eux dans le téléphone des mots qu'ils ont, à voix haute, répétés. Pour la première fois de ma vie, j'ai mené un enterrement depuis le salon de mon appartement, pour une famille dont je n'avais pas croisé le regard.

En raccrochant, je me suis dit qu'aucun sas ne subsistait. La mort était entrée dans nos lieux de vie, sans autorisation.

Elle avait trouvé nos adresses et s'était faufilée chez chacun de nous, dans nos familles ou nos consciences. Ou plutôt, elle nous avait rappelé qu'elle n'en était jamais partie, qu'elle y avait toute sa place, et que notre pouvoir se réduisait à choisir les mots et les gestes que l'on prononcerait au moment où elle surgirait.

Trouver les mots et connaître ces gestes est le cœur de mon travail.

Depuis des années, j'essaie de le définir pour ceux qui me le demandent.

Qu'est-ce qu'être un rabbin ? Bien sûr, c'est officier, accompagner et enseigner. C'est traduire des textes pour les donner à lire, et faire entendre à chaque génération les voix d'une tradition qui attend que des nouveaux lecteurs la transmettent à leur tour. Mais à mesure que les années passent, il me semble que le métier qui s'approche au plus près du mien porte un nom. C'est celui de conteur.

Savoir raconter ce qui fut mille fois dit, mais donner à celui qui entend l'histoire pour la première fois des clés inédites pour appréhender la sienne. Telle est ma fonction. Je me tiens aux côtés de femmes et d'hommes qui, aux moments charnières de leurs vies, ont besoin de récits. Ces histoires ancestrales ne sont pas seulement juives, mais je les énonce dans le langage de cette tradition. Elles créent des ponts entre les temps et entre les générations, entre ceux qui ont été et ceux qui seront. Nos récits sacrés ouvrent un passage entre les vivants et les morts. Le rôle d'un conteur est de se tenir à la porte pour s'assurer qu'elle reste ouverte.

Et ainsi se repose à nous la question des espaces et des séparations. Nous aimons croire que les parois sont hermétiques, que la vie et la mort sont bien séparées et que les vivants et les morts n'ont pas à se croiser. Et s'ils ne faisaient que cela, en réalité ?

Je me souviens de la première fois où j'ai vu un mort. C'était à Jérusalem et c'était une femme. J'étais alors étudiante en médecine et notre semestre était consacré à l'anatomie. Après l'apprentissage théorique, nous devions passer plusieurs semaines en salle de dissection. Chacun de nous s'était vu « attribuer » un poste d'étude, c'est-à-dire une table où reposait celle ou celui qui avait fait don de son corps à la science. Je me souviens de l'odeur entêtante du formol, de ces corps que nous examinions, organe après organe, muscle après muscle, nerf par nerf.

Sans doute pour nous protéger émotionnellement, pour mettre à distance la peur et l'appréhension, nous avions cessé de les regarder comme des organismes entiers, et observions avec attention chaque élément anatomique en les déconnectant les uns des autres. Il s'agissait de nous assurer, le plus froidement possible, que tout était parfaitement conforme aux détails du livre que nous avions minutieusement mémorisé.

Un jour, nous devions étudier l'anatomie de la main, et nous assurer de reconnaître chacun des ligaments, distinguer l'artère et le nerf ulnaire, la veine cubitale et le muscle fléchisseur. En soulevant le drap posé sur le bras droit du corps que je disséquais depuis plusieurs jours, je sentis monter en moi la nausée. À l'extrémité de la main de cette femme qui avait donné son corps à la science, les ongles limés, qui après la mort avaient sans doute continué de pousser, étaient couverts d'un élégant vernis rose.

Elle l'avait probablement appliqué très peu de temps avant de mourir. On aurait dit que la dernière couche avait à peine eu le temps de sécher quand Azraël avait toqué à sa porte, une épée à la main, pour ôter la vie à celle dont la main était si joliment manucurée. Cette vision m'a bouleversée. Je crois que me sautait alors au visage une indicible réalité, une évidence, certes, mais que nous autres, étudiants en médecine, refusions d'énoncer : chacun des corps disséqués racontait une vie d'homme ou de femme, une vie certainement complexe et tourmentée, faite de profondeur et de superficialité, du choix éventuellement formulé en une seule et même journée, de contribuer à la science et de se peindre les ongles.

Dans cette salle d'anatomie de la faculté de médecine, la vie et la mort se touchaient du bout des doigts, sur ceux d'une femme que je regardais soudain différemment. Et me revenait en tête la plus célèbre des lapalissades, celle qui reste à mon sens la plus grande sagesse jamais énoncée : « Cinq minutes avant de mourir, elle vivait encore. »

Dire cela, dans l'évidence d'un truisme, c'est reconnaître que jusqu'au dernier instant, même quand la mort est inévitable, la vie ne se laisse pas complètement confisquer. Elle s'impose encore à l'instant qui précède notre disparition et, jusqu'au bout, semble dire au morbide qu'il reste un moyen de coexister.

Peut-être qu'en réalité, cette cohabitation n'attend pas la mort pour s'installer. Tout au long de notre existence, sans que nous en ayons conscience, la vie et la mort se tiennent continuellement la main et dansent.

Cette ronde m'est apparue dans un livre, pendant ces mêmes années à la faculté de médecine. De façon troublante, j'étudiais, là encore, la main et sa biologie. Dans mes cours d'embryogenèse, où l'on apprend les étapes de la formation de la vie *in utero*, j'ai découvert que, comme bien des organes de notre corps, nos doigts se formaient par mort cellulaire. Notre main se développe d'abord sous la forme d'une palme, complète et sans espace entre ses extrémités, et c'est seulement plus tard que dans le processus normal d'évolution, les doigts s'individualisent et se séparent un à un par destruction des cellules qui les joignaient les uns aux autres. Pour le dire autrement, nos corps se sculptent par la mort des éléments qui le composent. Il en est ainsi de chaque extrémité digitale mais aussi de bien des cavités de notre organisme, cœur, intestins ou système nerveux. Ils ne remplissent leurs fonctions que parce qu'un vide en eux a été creusé. C'est la disparition d'une partie d'eux-mêmes qui permet l'action de ces organes. Nous devons donc la vie à la mort qui y a œuvré.

Ce phénomène fascinant de mort au cœur de la vie a été notamment étudié par un chercheur et conteur hors pair, Jean-Claude Ameisen, qui s'est passionné pour ce processus dit d'« apoptose ». Le nom de cette mort programmée dans nos corps vient du grec et signifie « tomber d'en haut ». Ce terme désigne aussi la saison de l'automne, qui voit les arbres perdre leurs feuilles.

Ainsi vont les saisons de l'existence, les arbres et les hommes ne continuent à vivre que si la mort les visite. Le printemps ne vient que pour celui qui traverse l'apoptose, et laisse la mort sculpter la possibilité de sa renaissance. Aujourd'hui, la cancérologie ne dit pas autre chose : les cellules dont la vie s'emballe, celles qui refusent de mourir en gagnant une vitalité presque éternelle deviennent tumorales. L'excès de vie nous condamne, et la mort inhibée nous est fatale. C'est quand la vie et la mort se tiennent la main, que l'histoire peut continuer.

J'ai étudié l'anatomie, la biologie et l'embryogenèse mais je ne suis pas devenue médecin ni même chercheuse. J'ai finalement fait le choix d'accompagner les vivants autrement.

Dans mon métier de rabbin, il me semble que tout ce que la biologie et les sciences de la vie m'ont enseigné trouve d'autres traductions, et ces savoirs du corps entrent en dialogue avec les récits que je porte.

La biologie m'a appris combien la mort fait partie de nos vies. Mon métier de rabbin m'enseigne chaque jour qu'il nous est donné de faire que l'inverse soit tout aussi vrai : dans la mort aussi, une place peut être laissée aux vivants. Il faut pour cela que nous puissions les raconter, trouver les mots qui les préserveront plus puissamment que du formol. Chaque fois que j'officie au cimetière, j'essaie d'honorer cette place et de la faire grandir, par la force des histoires qui laissent en nous des traces indélébiles, le prolongement des morts chez les vivants.

Le livre que vous tenez entre vos mains rassemble quelques histoires qu'il m'a été donné de raconter, des vies et des deuils qu'il m'a fallu vivre ou que j'ai pu accompagner. Certains détails ont été changés pour pleinement respecter l'intimité des endeuillés, d'autres sont tout à fait fidèles à la réalité, et écrits avec l'accord des familles concernées. À tous ces hommes et ces femmes auprès de qui je me suis tenue, et dont l'histoire figure ou non dans ces pages, j'adresse mon infinie reconnaissance et je redis l'honneur qui fut le mien de me tenir à leurs côtés, main dans la main.

ELSA

« Dans la maison des vivants… »

« Alors, racontez-moi !… »

Elle commençait chaque séance par ces mots, et invitait ainsi ses patients à poursuivre l'analyse comme on reprend le fil d'un récit. Elsa Cayat adorait les histoires. Elle savait les raconter, les écrire et les écouter.

Elle n'a jamais eu le temps d'entendre celle-ci, qui commence juste après sa disparition. J'aimerais tant lui faire le récit de la suite, lui dire où notre chagrin nous a portés, et imaginer l'analyse qu'elle aurait faite de cette histoire décousue.

Nous sommes le jeudi 15 janvier 2015. Il est midi et une foule immense attend déjà à l'entrée du cimetière du Montparnasse. Pas un bruit. Nos voix étranglées traduisent le mutisme d'une nation tout entière. Depuis huit jours, nous avons perdu les mots.

Mercredi dernier, la fusillade a déchiré le temps pour y figer un souvenir. Chacun se rappelle précisément où il se trouvait quand la nouvelle est tombée, et quelle conversation la mort est venue interrompre.

Dans quelques minutes débute la cérémonie de son enterrement. Les journalistes et les caméras, venus couvrir les obsèques de la « psy de *Charlie* », attendent à l'extérieur du cimetière.

Je me faufile entre les corps, reconnus ou anonymes, pour tenter de retrouver sa famille. Très vite, je m'aperçois qu'elle en avait évidemment plusieurs. La famille de sang et celle du journal, les patients et le flot des amis, et puis une famille de lecteurs, ceux que ses livres ont transformés en proches. Dans ce cimetière cohabitent des mondes inconciliables et inconsolables, des enfants endeuillés qui ont uni leur destin dans le sang versé, le sang d'une rédaction, le sang des clients d'une épicerie casher, le sang d'une policière.

Au bord de ces tombes, il y a beaucoup de monde, trop pour une séance d'analyse. Je ne sais pas par où commencer, comment décrire ce qui nous arrive et ce qu'on ne comprend plus. En français, quand on veut dire sa confusion, on utilise parfois cette expression bizarre : « Pour moi, c'est de l'hébreu ! », comme si cette langue étrangère était, pour chacun, un peu plus étrangère qu'une autre, un peu moins maîtrisable. Alors commençons là, en hébreu !

Dans cette langue, le cimetière porte un nom a priori absurde et paradoxal. Il s'appelle *Beit haH'ayim*, la « maison de la vie » ou la « maison des vivants ». Il ne s'agit pas d'une tentative de nier la mort ou de la conjurer en l'effaçant, mais au contraire de lui adresser un message clair, en la plaçant hors du langage. Lui faire savoir que sa présence évidente en ce lieu ne signe pas pour autant sa victoire, et affirmer que, non, même ici, elle n'aura pas le dernier mot.

Les juifs prennent très au sérieux un verset de la Thora, formulé dans le livre du Deutéronome, sous la forme d'un ordre divin : « J'ai placé devant toi la vie et la mort, dit l'Éternel. Et toi, tu choisiras la vie[1] ! » Alors, pour prouver qu'ils appliquent le Commandement à la lettre, ils la convoquent en toute circonstance.

LeH'ayim, « À la vie ! », disent-ils chaque fois qu'ils lèvent un verre, en un pied de nez au morbide. La mort a beau toquer à leur porte très souvent, tenter de s'inviter fréquemment dans leur histoire, les juifs s'obstinent à faire comme s'ils pouvaient ne pas lui ouvrir, et avaient les moyens de lui dire : « Désolé, on n'est pas là. Repassez plus tard ! » Même au cimetière, ils la chassent et lui lancent : « Va voir là-bas si on y est. »

Poursuivons la leçon d'hébreu pour évoquer une autre particularité, cette fois grammaticale. Le mot *H'ayim*, la vie, est un pluriel, et dans cette langue, il

1. Deutéronome 30:19.

n'existe pas au singulier. L'hébreu dit que chacun de nous a plusieurs vies, non pas successives mais tressées les unes aux autres, comme des fils qui se croisent tout au long de l'existence et attendent le dénouement pour se distinguer. En hébreu, nos vies font tapisserie, jusqu'à ce que nous puissions en défaire les nœuds en racontant nos histoires.

« Alors, racontez-moi... »

Elsa Cayat invitait tous ceux qu'elle croisait à se mettre à l'ouvrage. Chacun de ses textes, chacun des articles ou livres qu'elle a écrits, portent la trace de ce qu'elle a tenté de détricoter pour les autres. Savait-elle seulement que son nom « Cayat » signifie « couturier » en hébreu et en arabe ? Tout au long des siècles, une étrange histoire d'amour a lié les juifs au tissu, et bien des blagues juives en gardent la trace :

C'est l'histoire d'un père qui dit à son fils :

« Maintenant que tu as fait Science Po, Harvard et Polytechnique, il est temps de choisir : confection pour hommes ou confection pour dames ? »

Peut-être qu'à sa manière, Elsa poursuivait cette tradition ancestrale, et reprisait les textes comme on retouche un textile, fil à fil.

Ce jour-là, à Montparnasse, dans la maison des vivants qui accueillait une nation déchirée, j'ai cherché les proches d'Elsa. Sa sœur, Béatrice, m'a saisi la main et entraînée vers le petit groupe des intimes, la famille Cayat et la bande de *Charlie*. Et c'est là qu'elle a prononcé à leur intention des mots qui m'ont fait tressaillir :

« Je vous présente Delphine, notre rabbin. Mais ne vous inquiétez pas, c'est un rabbin laïc ! »

Je n'ai pas trouvé quoi dire, et suis restée muette. S'agissait-il d'une plaisanterie ? Y avait-il un malentendu sur ce que l'on attendait de moi ? Quelle fonction devais-je remplir ?

Au fond, je percevais bien ce que la sœur d'Elsa entendait signaler le plus sérieusement du monde à ses interlocuteurs, et sa tentative de les rassurer.

L'athéisme de la famille Cayat, l'attachement d'Elsa à la laïcité et à l'esprit *Charlie* où elle avait installé son célèbre divan, devaient pouvoir dialoguer avec les mots de la tradition juive que moi, rabbin, j'avais la charge de porter ce jour-là.

Il devait exister un moyen de concilier ces mondes, de coudre les uns aux autres tous les fils de la vie d'Elsa, et de révéler ici, non seulement ses propres complexités, mais celles d'un pays tout entier dont la trame se décomposait.

En cet instant, les multiples vies d'une femme, érudite, antireligieuse, juive séfarade, psychanalyste française, militante féministe, mère aimante, amie sans gêne, esprit cultivé et grande gueule, devaient dialoguer pour que puissent parler, à travers elles, tous ceux qui, dans la France de janvier 2015, croyaient soudain, dur comme fer, qu'ils n'avaient plus rien à se dire.

Toutes ces voix devaient pouvoir se concilier, pour tenter de nous réconcilier. Car en cet instant c'est de cela qu'il était aussi question : la possibilité de faire tenir ensemble les lambeaux d'une nation.

Ce jour-là, en récitant une liturgie ancestrale, les psaumes et les prières juives, face aux survivants de *Charlie Hebdo*, je ne suis pas devenue un « rabbin laïc » mais j'ai compris que je l'avais toujours été. Cette expression, que certains jugeront absurde ou insensée, est venue raconter une vérité profonde que je peinais à formuler.

La laïcité française n'oppose pas la foi à l'incroyance. Elle ne sépare pas ceux qui croient que Dieu veille, et ceux qui croient aussi ferme qu'il est mort ou inventé. Elle n'a rien à voir avec cela. Elle n'est fondée ni sur la conviction que le ciel est vide ni sur celle qu'il est habité, mais sur la défense d'une terre jamais pleine, la conscience qu'il y reste toujours une place pour une croyance qui n'est pas la nôtre. La laïcité dit que l'espace de nos vies n'est jamais saturé de convictions, et elle garantit toujours une place laissée vide de certitudes. Elle empêche une foi ou une appartenance de saturer tout l'espace. En cela, à sa manière, la laïcité est une transcendance. Elle affirme qu'il existe toujours en elle un territoire plus grand que ma croyance, qui peut accueillir celle d'un autre venu y respirer.

J'ai souvent eu le sentiment que le judaïsme porte, en ses langages, quelque chose qui résonne avec cette idée. L'identité juive repose elle aussi sur une vacance. Tout d'abord parce qu'elle n'est pas prosélyte et ne cherche pas à convaincre l'autre qu'elle détient l'unique vérité. Ensuite, parce qu'elle peine à formuler ce qui la fonde. Nul ne sait vraiment ce qui fait un juif et encore moins un « bon juif ». Est-ce une origine, une pratique, une croyance, une tradition culinaire ? L'identité juive est toujours au-delà de ce qu'on pourrait en dire, et ne se laisse jamais emmurer dans une définition unique qui réduirait ses possibles.

Pour le dire autrement : « le » judaïsme est toujours plus grand que le « mien ». Il préserve un espace libre pour une autre conception que la mienne, et donc une transcendance infinie : celle de la définition qu'en donnera un autre.

Le judaïsme garantit en son sein la place d'Elsa et la mienne, celle d'une juive non croyante et celle d'un rabbin, sans qu'aucune de nous puisse se revendiquer plus légitime. Aucune ne peut s'affirmer « plus » ou « meilleure » juive que l'autre.

Dès lors, dans mon judaïsme, si je ne fais pas de place pour le sien, je le trahis. Le réduire à ma définition ou à la sienne reviendrait à le profaner.

La laïcité n'est pas étrangère à cette conscience.

Pour moi, être un « rabbin laïc » signifie cela : accueillir comme une bénédiction le fait que jamais ma croyance ne pourra gagner d'hégémonie, pas plus au sein de la nation française qu'au sein de la tradition juive. Et se réjouir que sous le ciel il y ait assez de vide pour que chacun y reprenne sa respiration.

Par la force de deux mots, la sœur d'Elsa a exprimé mieux que je n'aurais pu le faire ce qui me permettait de me tenir à ses côtés, de prier avec les survivants d'une rédaction « antireligieuse », et d'affirmer que nous pourrions ensemble choisir encore la vie. Je lui en serai à jamais reconnaissante.

Grâce à elle, j'ai su quelle histoire je devais raconter, quels mots je pouvais coudre les uns aux autres pour évoquer, dans le langage de ma tradition, ce que furent les vies d'Elsa. J'ai su qu'il me faudrait convoquer mes prédécesseurs, ceux dont l'histoire réverbérait ce 15 janvier 2015, dans un cimetière parisien. J'ai compris que nous devions poursuivre une conversation ancestrale, engagée bien plus tôt dans les pages du Talmud et qui attendait patiemment d'être partagée.

Cette conversation avait débuté dans une petite ville nommée Yavné, près de Jérusalem, il y a presque dix-huit siècles. Plusieurs sages y prirent part : un certain Eliezer, un dénommé Joshua et les élèves de leur maison d'étude. Depuis lors, des générations de lecteurs s'y sont jointes et poursuivent la dispute.

Le débat portait à l'origine sur un objet : un four composé de pierres assemblées les unes aux autres par du sable. La structure de cet ustensile forçait les sages à déterminer son statut rituel. Le four en question pouvait-il ou non contracter une impureté ? Était-il utilisable en toute circonstance ? La question peut paraître triviale, mais les débats des sages dans le Talmud portent bien souvent sur des questions pratiques, et leurs implications légales ou symboliques.

Sur cette question du four, Rabbi Eliezer et ses collègues n'étaient pas du tout d'accord. Rabbi Eliezer déclara le four pur contrairement à ses collègues et il ajouta :

« Si j'ai raison, cet arbre le confirmera. »

Immédiatement, l'arbre fut déraciné et replanté à quelques centaines de mètres de là. Les rabbins de la maison d'étude, loin d'être impressionnés par cette manifestation miraculeuse, lui dirent :

« Et alors ? que peut donc prouver un arbre ? »

Rabbi Eliezer, sans se décourager, poursuivit :

« Si j'ai raison, que ce cours d'eau le confirme. »

Immédiatement, la rivière qui passait par là interrompit son flux et remonta son cours. Mais les collègues du rabbin Eliezer refusèrent encore de prêter à ce miracle la moindre valeur et affirmèrent que leur avis, et non le sien, était le bon.

Eliezer poursuivit sa démonstration prodigieuse :

« Si j'ai raison, affirma-t-il, que les murs de la maison d'étude penchent en ma faveur ! »

Les parois tremblèrent et lentement s'affaissèrent sur les sages, menaçant de les écraser. Alors, ils réprimandèrent les murs en leur disant :

« De quoi vous mêlez-vous ? Quand les sages débattent entre eux, cela ne vous concerne pas. »

Les murs interrompirent leur chute et restèrent figés ainsi, penchés jusqu'à aujourd'hui, par égard pour Rabbi Eliezer et par respect pour ses collègues.

À court d'arguments, le vieux sage énonça d'une voix claire :

« Si j'ai raison et que mon avis est le bon, une voix céleste viendra le confirmer. »

Immédiatement, retentit une parole providentielle qui lui apporta un soutien sans équivoque : « L'avis de Rabbi Eliezer est conforme à la loi. »

Et c'est alors que Rabbi Joshua, qui jusqu'alors était resté silencieux, se leva et adressa à l'Éternel ces paroles : « La Thora n'est pas aux cieux. »

Il interpella Dieu en personne en lui disant : Rappelle-toi que Tu nous as donné la Loi au mont Sinaï. Dorénavant, elle est entre nos mains, et non entre les tiennes. Nous sommes en charge de son interprétation et aucun miracle ou manifestation surnaturelle ne serait en mesure d'invalider l'avis des sages tel qu'il s'exprime à la majorité.

Le Talmud conclut cet épisode en affirmant que Dieu se mit à rire, en disant : « *Mes fils m'ont vaincu, mes fils m'ont vaincu*[1]. »

1. Adapté du Talmud babylonien, traité Baba Metzia 59b.

Coup de tonnerre sur la pensée religieuse traditionnelle: les rabbins du Talmud, à travers une simple légende, renversent la hiérarchie supposée des pouvoirs, et remettent en cause la soumission à une autorité transcendante. Selon eux, l'Éternel leur a confié une loi qu'il leur revient d'interpréter, y compris contre l'avis de Dieu lui-même. Ce pouvoir qu'Il leur a conféré en est donc un dont Il se prive, et qui ne rend plus pertinente Son intervention dans l'Histoire. « Trop tard », Lui disent-ils. Aucune modification de l'ordre du monde, aucun phénomène miraculeux n'ôtera aux hommes le pouvoir que Tu leur as accordé.

Voilà comment, au IIe siècle de notre ère, autour d'un banal ustensile de cuisine, les rabbins mijotent une révolution théologique. Ils décrètent que la loi divine impose à Dieu de se tenir à distance. Ils imaginent même que le divin se réjouit d'avoir été ainsi rembarré, comme un père qui aurait enseigné à son fils les règles des échecs et perdrait contre lui la partie. « Échec et mat », lance-t-il, en s'amusant d'avoir été vaincu. À Yavné, les rabbins du Talmud rêvent d'un Dieu plein d'humour, prêt à se retirer de l'Histoire en riant, à s'éclipser au profit des hommes qui débattent.

Ils inventent là une pensée religieuse qui est une forme d'a-théisme, au sens littéral du terme, un monde où Dieu ne s'interpose pas, et où les décisions humaines prévalent quand elles font l'objet d'une controverse.

«*Notre Père qui êtes aux cieux, restez-y et nous resterons sur la Terre qui est quelquefois si jolie*», écrit Prévert au XXe siècle. Bien plus tôt, des sages l'avaient déjà un peu décrété.

Il serait bien sûr malhonnête de faire de ces rabbins des athées au sens de «non-croyants». Ils consacrent leurs vies à un Dieu qui leur a confié une mission sacrée, celle d'interpréter Sa Loi et d'être partenaires de Son œuvre de création.

Le contexte de leur débat n'est d'ailleurs pas anodin. Leur conversation-révolution intervient quelques décennies après la destruction du Temple de Jérusalem, au moment précis où ils doivent renouveler l'idée qu'ils se faisaient jusqu'alors de la présence divine dans le monde. Ils vivent aussi quelques décennies à peine après qu'un homme ait, dit-on, traversé cette région en affirmant qu'il pouvait faire des miracles, guérir des malades et ressusciter des morts. Rien d'étonnant, dans ce contexte, à ce qu'ils cherchent à consolider leur pouvoir en affirmant que non, un miracle ne prouve rien, si telle n'est pas la délibération des hommes.

Mais quel que soit le cadre historique de cette légende, elle invite à toute époque ses lecteurs à revisiter leur vision du divin. Elle leur permet d'envisager un Dieu qui rit de son impuissance, et se réjouit du culot des sages, même quand ceux-ci lui ordonnent de se tenir à distance.

J'ai du mal à croire que ce Dieu-là s'offusquerait des unes de *Charlie Hebdo*, aussi culottées soient-elles, ou des chroniques d'une psychanalyste insolente qui l'enverrait bouler.

Et je ne peux m'empêcher de sourire à l'idée que cette rédaction impertinente fut, bien malgré elle, héritière d'un culot talmudique dont elle ne se serait jamais revendiquée. Savait-elle que le Dieu du Talmud dit à sa manière combien il est « dur d'être aimé par des cons » ?

Je pense au rire d'Elsa, dont tous ses amis sans exception m'ont parlé, et à la bêtise de ceux qui l'ont fait taire.

Les tueurs ont-ils perçu le paradoxe obscène de leur geste assassin ? Leur croyance en un Dieu qui demande vengeance et se vexe d'être méprisé constitue un gigantesque blasphème. Quel Dieu « grand » devient si misérablement « petit » qu'il a besoin que des hommes sauvent son honneur ? Penser que Dieu s'offusque d'être moqué, n'est-ce pas la plus grande profanation qui soit ? Grand est le Dieu de l'humour. Tout petit est celui qui en manque.

Voilà ce que j'ai dit à tous ceux qui se tenaient là en ce jour de janvier 2015, dans un cimetière parisien qui réunissait des gens qui avaient tous en commun de croire en la grandeur du rire, celui de Dieu ou celui des hommes. Voilà comment nous avons pu pleurer ensemble ce matin-là, à Montparnasse, hurler notre tristesse et faire preuve d'humour, depuis les profondeurs de notre désespoir.

Sur la tombe d'Elsa, on a gravé « LIBERTÉ, ÉGALITÉ, FRATERNITÉ » et sous ce triptyque républicain, elle repose désormais. Pendant de longs mois, l'extrait du Talmud que j'avais cité est resté posé sur la sépulture. Un inconnu l'avait glissé sous une pierre, dans une pochette plastifiée. Elle a fini par s'envoler.

Chaque fois que je vais au cimetière du Montparnasse, je me rends sur la tombe d'Elsa. L'endroit est facile à repérer, juste à côté d'une sorte d'arche métallique, tout près de l'allée latérale. Comme le veut la tradition, j'y pose un caillou et, avec le temps, les petites pierres s'accumulent et racontent les années qui passent.

Les juifs n'ont pas l'habitude de fleurir les tombes mais ils y placent ces petites pierres, si emblématiques. La plupart des gens en ignorent la signification.

Il y a longtemps, lorsque les morts étaient enterrés sur le bord des routes ou dans les champs, il fallait à tout prix signaler la présence d'une sépulture à ceux qui voyageaient là, et plus particulièrement à une catégorie de la population qu'on appelle les « Cohen ». Ces membres de la famille sacerdotale ont, selon la loi biblique, interdiction de s'approcher d'un cadavre. Entrer en contact avec la mort les rendrait impurs et incapables de remplir leurs fonctions de prêtre au Temple. Les pierres posées sur une tombe signalaient donc à ces Cohen de passage qu'ils devaient s'éloigner du lieu.

Avec le développement des cimetières clos, la tradition des cailloux a perduré, mais d'autres sens plus symboliques s'y sont greffés. Contrairement aux fleurs qui fanent, les cailloux restent et disent la force du souvenir. Ils racontent la place inaltérable qu'occupent les disparus dans la vie de ceux qui leur survivent.

Et puis, le caillou, en hébreu, porte un nom particulier, dont le signifiant caché a valeur de puissant symbole. Un caillou se dit *Ebben*, et ce mot une fois fendu, en révèle deux qu'il semble avoir fait fusionner, « ab » et « ben » – « le parent » et « l'enfant ».

Poser un caillou sur une tombe, c'est déclarer à celui ou celle qui y repose que l'on s'inscrit dans son héritage, que l'on se place dans l'enchaînement des générations qui prolongent son histoire. La pierre dit la filiation, réelle ou fictive, mais toujours véritable.

Quelle trace inaltérable portent en eux les enfants de janvier 2015 ? Quel héritage fut à cette date placé sur nos épaules ? Il est encore trop tôt pour le dire. Ces événements ont fait de nous des enfants endeuillés qui mettront des années à comprendre tout ce qu'ils doivent à celles et ceux qui sont partis.

Très souvent, je pense à l'une de ces enfants et à son chagrin.

Je me souviens distinctement de sa silhouette, ce 15 janvier 2015. Je revois cette toute jeune femme, très élégante, à la chevelure noire et aux talons hauts, enveloppée dans un manteau de fourrure de la même couleur qui lui donnait une apparence un peu hollywoodienne. Ce matin-là, elle avait probablement choisi minutieusement chaque accessoire, chaque élément de sa tenue, comme une petite fille qui se déguise pour emmitoufler son chagrin dans un costume de grande dame.

La fille d'Elsa se tenait à ma droite au moment où le cercueil de sa mère est descendu en terre. Nous avons récité côte à côte le kaddish, la prière des endeuillés, avant de verser dans la tombe une poignée de terre, et c'est alors qu'elle s'est tournée vers moi et dans un puissant sanglot m'a lancé : « Alors, ça y est, maman ne reviendra plus ? »

Au cœur de cette tragédie nationale et d'un deuil collectif, tandis que des millions de personnes rejoignaient des manifestations populaires, et que des chefs d'État venus du monde entier marchaient dans Paris, nous avions peut-être oublié l'essentiel : expliquer à une fille que sa mère était partie pour toujours. Dans un deuil collectif ou national, quelque chose est toujours confisqué aux familles et aux proches des victimes, un peu de ce qu'ils sont en droit d'exiger, la reconnaissance d'une douleur dont nous n'avons pas même idée, et des paroles de vérité.

J'ai dit à la fille d'Elsa qu'elle ne reviendrait pas, en ajoutant qu'elle était tout autour de nous. Dans ce manteau sophistiqué porté par une enfant qui semblait promettre au monde « je serai ce que j'ai décidé d'être », dans l'Inconscient de ses patients qui grâce à elle raconteraient d'autres histoires, dans les fous rires d'amis inconsolables qui ne renonceraient pas à l'humour, et ne laisseraient pas la mort gagner.

En sortant du cimetière, le 15 janvier 2015, j'ai croisé le dessinateur Jul, qui avait fait partie de la rédaction de *Charlie*. Il m'a attrapée par le bras et, dans un clin d'œil, a murmuré à mon oreille :

« Si jamais les attentats continuent, je veux bien vous réserver pour mon enterrement, ça fera très plaisir à ma mère que ce soit vous... »

Et il m'a semblé entendre le rire puissant d'Elsa résonner entre nos sanglots, dans la maison des vivants.

MARC

« Les vêtements des revenants… »

« Elsa ne reviendra pas », ai-je dit à sa fille.

J'ai eu tort.

En juin 2017, soit deux ans et demi après l'attentat de *Charlie Hebdo*, je reçois l'appel d'une famille qui vient de perdre un des siens. Marc avait cinquante-neuf ans, il laisse derrière lui des parents, une compagne et un fils. À travers eux, je découvre l'homme brillant, et encore si jeune, que je vais accompagner à leurs côtés.

Rencontrer des proches et préparer une cérémonie de funérailles est un moment sacré. Il peut sembler trivial de l'écrire. Mais ces quelques heures ou quelques jours passés auprès de ceux qui se séparent d'un être aimé constituent un temps « sacré », tel que l'hébreu le murmure. Le mot « sacré », *kadosh*, signifie littéralement « à part », et la disparition d'un être cher fait entrer ceux qui lui survivent dans un temps à part : elle interrompt sa linéarité.

La tradition juive veut qu'entre le décès et le moment de l'inhumation, on place près du corps du disparu une bougie qui symbolise la présence de son âme, restée vive. Ce rite énonce une vérité profonde : quelque chose de la vie de celui ou celle qui nous quitte est incandescent pendant ces quelques jours. C'est un temps où la vie qui part étincelle d'une manière particulière, et tous ceux qui s'en approchent le perçoivent, cette lumière peut mettre le feu au monde ou au contraire aider à voir ce qui jusqu'alors restait dans l'obscurité la plus totale.

C'est la raison pour laquelle les conversations menées avec les proches dans ce temps hors-du-temps sont déterminantes. Je sais, comme rabbin, que je dispose d'un intervalle très court pour tenter de discerner cette lumière, à travers les mots, les gestes, les récits et les silences de ceux qui constituent le cercle rapproché du disparu. Je dois saisir ce que cette lumière doit révéler, qui elle éclaire, quelle ombre elle contient, et la façon dont elle vibre.

Je sais que certains liront dans ces lignes une forme de bondieuserie ou de pensée magique. Je ne parle pas ici de croyance en l'éternité de l'âme ni de vie après la mort, mais d'une conscience très concrète et rationnelle : les rites d'accompagnement parviennent à faire de la vie des disparus un destin, à condition de dire sans trahir.

André Malraux, dans une citation célèbre, affirmait que la « tragédie de la mort est en ceci qu'elle transforme la vie en destin ». La mort a certes ce pouvoir, grâce aux mots et aux rites. Elle crée un récit qui édifie une vie, à la manière d'un monument dont on poserait les fondations dans un dernier souffle. Cependant, contrairement à ce que suggère Malraux, il me semble qu'en ces moments sacrés, il n'est pas nécessaire de convoquer la tragédie. Il est possible de penser autrement l'édifice mémoriel qui commence à s'ériger sous nos yeux.

Il existe bien d'autres façons de transformer une vie en destin. La mort est souvent une tragédie, en tout cas lorsqu'elle surgit en un temps où, pour nos consciences, elle est inconcevable, parce que l'heure n'était pas venue ou que la violence de l'arrachement anéantit tout sur son passage… mais il existe une façon de ne pas la laisser confisquer tout le récit d'une vie. Trop souvent, la disparition brutale kidnappe l'ensemble d'une existence qui ne doit pourtant pas se réduire à son dénouement.

Ne jamais raconter la vie par sa fin mais par tout ce qui, en elle, s'est cru « sans fin ».

Savoir dire tout ce qui a été et aurait pu être, bien avant de dire ce qui ne sera plus.

Je me souviens d'une scène de film, un extrait de la

comédie *Le Nom des gens* de Michel Leclerc. Le personnage principal, descendant de déporté, assiste dans son collège à la pose d'une plaque en hommage aux enfants morts dans les camps. Lorsque l'enseignant explique le sens de cette commémoration, l'adolescent choque tous ses camarades par son intervention :

« J'imagine que j'ai été assassiné, et tous les jours je passe devant ce truc qui me rappelle à quel point c'est horrible d'avoir été assassiné, je ne suis pas sûr que ça me fasse plaisir. On ferait mieux de se souvenir du jour où ils ont mangé de la crème chantilly pour la première fois par exemple, on marquerait sur la plaque "dans cette école, des enfants ont mangé de la crème chantilly pour la première fois". Ce serait plus sympa pour eux, je trouve. »

La remarque de l'adolescent déclenche la colère de son enseignant, qui n'entend pas que cette provocation énonce une vérité intéressante à méditer : il est bien des façons de raconter la vie de ceux qui nous quittent, même quand leur disparition est des plus dramatiques. Peut-être faut-il nous assurer que notre mémoire reste fidèle à la complexité de leur existence, qui jamais ne se résume au tragique de son interruption.

Je me suis souvent dit que je me souhaitais, comme à ceux que j'aime, qu'au jour de notre enterrement nos vies puissent être racontées autrement que sous la forme d'une tragédie, qu'il nous soit donné d'être évoqués par le biais d'autres lexiques et d'autres registres, que nos vies puissent être aussi regardées comme un thriller, une série romantique, un conte mythologique ou même une comédie populaire. Pourvu qu'à nos enterrements, il nous soit permis de ne pas nous résumer à nos morts, et de faire sentir combien dans la vie, nous avons été en vie.

Il arrive qu'à un enterrement, les discours passent à côté d'une vie, ou que l'officiant se trompe complètement de registre. Cela m'est arrivé. Je me souviens notamment d'une fois où j'ai eu le sentiment de « rater » l'hommage qui revenait à un homme que j'accompagnais. Je n'avais pas su ou pu identifier les éléments saillants de son existence. Ses frères et sœurs étaient venus préparer la cérémonie quelques jours plus tôt. À chacune des questions que je leur adressais, ils peinaient à répondre, comme si des pans entiers de sa personnalité leur avaient échappé, comme si, jusqu'au bout, il leur était resté étranger.

« Avait-il une passion ?

— Pas vraiment, à notre connaissance.

— Qui étaient les êtres qui comptaient vraiment pour lui ?

— Difficile à dire.

— Quels étaient ses rêves ?

— À notre connaissance, il n'en avait pas vraiment. »

La réponse à toutes ces questions me fut donnée pendant la cérémonie elle-même, c'est-à-dire trop tard. L'homme que nous accompagnions avait été aimé passionnément, mais sa famille de sang l'ignorait. Ses amis et amours réunis en témoignaient. Ils étaient la véritable famille qu'il s'était constitué, ceux auxquels il avait confié ses rêves, mais ceux qui n'étaient pas venus me parler.

Dans le cloisonnement absolu de la vie de cet homme, sa famille de sang était passée à côté de lui et, au jour de ses obsèques, j'étais le porte-parole d'une ignorance et d'un rendez-vous manqué, le témoin d'une rencontre qui n'avait pas eu lieu. Il me fallut, tant bien que mal, prendre en compte ce ratage au cimetière : ne pas nier la cloison construite par un homme pour séparer les uns des autres dans sa vie, mais tendre l'oreille pour écouter de l'autre côté d'un mur invisible et entendre tout ce que je n'avais pas su.

À l'enterrement de Marc, rien de cela n'est arrivé. Cet homme avait su tisser des liens entre tous ceux qui avaient compté. Et bien des gens ont, ce jour-là, raconté son humanité. Je me souviens avoir perçu combien d'amour il y avait dans sa vie, l'amour de la médecine et du soin aux autres, l'amour de l'écriture et de sa famille, l'amour de ses amis et de tous ceux avec lesquels il avait de puissantes attaches et des affinités. Une de ces amitiés a justement refait surface et m'a invitée à lui laisser la parole.

À la veille de la cérémonie d'inhumation de Marc, au moment d'écrire le texte de son oraison funèbre, j'ai reçu de sa famille un dernier message.

Ils souhaitaient simplement ajouter un détail à notre conversation, une anecdote qu'ils avaient oublié de partager avec moi. Je devais savoir que Marc avait entretenu « pendant plusieurs mois une correspondance qui lui tenait à cœur ». Il échangeait des courriels avec une certaine Elsa Cayat, psychanalyste assassinée lors de l'attentat de *Charlie Hebdo*, et ensemble, ils avaient le projet de les publier dans un livre. La famille joignait au message une copie de leur conversation électronique interrompue en 2015.

Je croyais qu'Elsa ne reviendrait pas. J'avais eu tort. Un soir, elle est revenue, à sa manière, toquer à ma porte ou à l'écran de mon ordinateur, hanter mon esprit et m'aider à écrire. J'ai ouvert la pièce jointe.

Il était très tard et je tremblais à l'idée de ce que j'allais lire. Je me demandais si j'avais le droit même de le faire. Marc et Elsa avaient effectivement échangé de nombreux emails, tout au long de l'année 2014, la dernière de la vie d'Elsa.

Je crois ne pas les trahir en partageant un peu de ce que contenaient ces messages ; ils avaient vocation à être publiés. Marc y évoquait ses souvenirs et livrait ses réflexions, Elsa apportait en réponse son expérience psychanalytique. Ensemble, ils avaient fini par choisir un thème d'écriture, un objet d'exploration qui deviendrait un jour le sujet de leur livre.

Tout au long de l'année 2014, ces deux êtres ont donc décidé de converser autour de… la mort. Aucun d'eux ne se doutait bien sûr qu'elle leur rendrait visite si vite, à l'un et à l'autre.

Et voilà comment, une nuit de l'été 2017, un manuscrit hanté m'est arrivé par email, le dialogue épistolaire de deux êtres qui ne pouvaient se douter qu'ils auraient post-mortem et pour premier lecteur le rabbin en charge de leurs obsèques.

En évoquant leur mort, c'est comme s'ils m'adressaient les éléments qu'ils souhaitaient voir apparaître dans leur oraison funèbre. Peut-être m'invitaient-ils à les « rencontrer ». Jamais, jusqu'alors, des fantômes ne m'avaient adressé de courrier, et encore moins d'emails. Ainsi surgissent parfois les revenants.

Des revenants. C'est comme cela qu'on appelle souvent les fantômes, car c'est exactement ce qu'ils s'acharnent à faire : revenir. Revenir jusqu'à ce qu'on accepte de les voir, et de parler enfin d'eux.

Alors revenons-y.

Tous les enfants jouent un jour aux fantômes. Je me souviens m'être cachée des centaines de fois derrière les rideaux du salon de mes grands-parents, et d'avoir fait trembler le tissu en poussant des cris inquiétants houuuuuuuuu. Dans tous les films ou les dessins animés de notre enfance, ils sont représentés de la même manière, sous la forme de silhouettes enveloppées dans un tissu blanc virevoltant. Mais l'origine de cette image et sa symbolique échappent généralement à la culture populaire. Le vêtement blanc du fantôme est, en fait, une réminiscence d'un rite juif ancestral, l'enveloppement du mort dans un linceul.

Dans le judaïsme, le défunt n'est pas enterré dans une tenue de ville ou dans ses « vêtements du dimanche ». Avant d'être inhumé, il est préparé, lavé puis paré d'une tunique blanche spécifique dans laquelle il sera enterré. Cet habit reproduit symboliquement une autre tenue, à laquelle la Bible fait référence. Il s'agit du vêtement que portait le Grand Prêtre lorsqu'il officiait au Temple de Jérusalem il y a plus de deux mille ans.

La Thora décrit précisément comment le Grand Prêtre se purifiait, procédait à des ablutions et enfilait ses vêtements tandis qu'il s'apprêtait sur l'autel à faire face au Créateur. Au Temple, le Cohen était l'homme qui pouvait approcher au plus près le divin, le seul qui avait le droit de pénétrer le Saint des Saints, c'est-à-dire le droit de se tenir devant le Dieu invisible. Dans la tradition juive, chaque homme au jour de son inhumation endosse le même rôle sacerdotal. Il est lavé et paré des mêmes attributs, tandis qu'il s'apprête lui aussi à rencontrer le divin. Son corps est enveloppé dans un linceul qui reproduit tous les éléments de la tenue sacerdotale. Chaque homme qu'on enterre est un Grand Prêtre, au jour de son départ. Il se prépare au même face-à-face.

Les fantômes de notre enfance sont à l'image de ce

clergé funéraire qui hante nos mémoires collectives. Ils rejouent ce rituel mortuaire… à une exception près.

Un dernier détail clôture la préparation des morts dans la tradition juive : le linceul doit être cousu à ses extrémités, et ainsi refermé juste avant que le corps ne soit prêt à être inhumé. Le vêtement des morts est clos, et cette couture scelle leur départ.

Ce dernier point de la préparation mortuaire a des répercussions inattendues dans le quotidien de certaines familles juives, dont la mienne. Lorsque j'étais enfant, et que je perdais un bouton ou qu'un coin de mes vêtements se déchirait, il arrivait qu'il faille rapidement recoudre la déchirure, ou repriser d'un point de couture le tissu arraché. Ma mère me donnait alors une consigne surprenante et apparemment ludique. Je devais absolument mâcher énergiquement, faire semblant de mastiquer avec des mouvements de mâchoire exagérés, le temps de la retouche. Il m'a fallu des années pour comprendre quelle superstition était en jeu dans cette injonction a priori anodine, mais en réalité dramatique. Elle racontait l'interdit de recoudre un tissu sur un vivant, puisque tel est le geste effectué sur les morts.

Il fallait donc conjurer le sort, ou plus exactement adresser un message très clair à l'ange de la mort au cas où celui-ci rôderait dans les parages. Imaginez qu'il soit témoin de cette couture : il pourrait en conclure qu'il est en présence d'un mort ! La mastication vient donc lui signaler que non, la personne est tout à fait vivante. « Pardon mais il y a méprise : c'était juste une reprise ! » Voilà comment on invite la mort à revenir plus tard. Le plus tard possible.

Et voilà ce que représente le fantôme dans de nombreux films ou dans la culture populaire, la forme blanche et mouvante est un mort enveloppé dans son linceul flottant. C'est un défunt habillé d'un vêtement funéraire que l'on a mal cousu, ou pas cousu du tout.

Parce qu'il manque un point de retouche, le fantôme ne peut quitter ce monde. Il y est retenu, et le hante en attendant le raccommodage, celui qui permettra enfin son départ. En hébreu, les fantômes s'appellent d'ailleurs *rouaH' refaïm*, ce qui signifie littéralement « esprit relâché ». Ils sont des esprits dont les fils sont défaits.

Les fantômes portent la trace de leurs histoires effilochées et c'est pour cela qu'ils reviennent. Ils attendent d'en découdre, c'est-à-dire de voir leur histoire reprisée par ceux qui leur survivent.

Dans le film *Le Sixième Sens* de Night Shyamalan, un enfant répète aux adultes qui l'entourent cette phrase terrifiante : « I see dead people », « je vois des morts ». Si le spectateur frissonne, c'est parce qu'il est forcé de se demander si lui-même ne refuse pas de voir les fantômes qui l'entourent. Et s'il nous était aussi donné de les apercevoir ? Et s'il suffisait de prêter attention, ou de regarder les rideaux bouger ?

À nouveau, il n'est pas besoin de croire littéralement à une vie après la mort, ou à la présence d'âmes errant dans nos vieilles maisons pour reconnaître très rationnellement que nous vivons tous avec des fantômes.

Il y a ceux de nos histoires personnelles, familiales, ou collectives, ceux des nations qui nous ont vus naître, des cultures qui nous abritent, des histoires qu'on nous a racontées (ou pas), et parfois des langues que nous parlons.

Ces spectres, je les croise presque chaque fois que je reçois quelqu'un dans mon bureau. Ils habitent dans des récits de « revenances » que l'on partage avec moi, dans des secrets de famille que l'on me confie, ou dans des malédictions qui voyagent d'une génération à l'autre. Souvent, les fantômes aiment les dates anniversaire, ils se manifestent à intervalles réguliers dans des familles où des histoires se répètent, surtout chez celles qui sont persuadées de ne rien connaître de leur lignée, ou pire, de n'en avoir rien à faire.

Ils ont toujours existé dans nos familles, mais parfois, certains événements historiques les démultiplient. La guerre, bien sûr, en a beaucoup créé. Et dans les familles juives, en particulier, les fantômes vivent très vieux et en bonne santé, grassement nourris d'histoires riches en traumatismes qui assurent leur parfaite croissance.

Il y a les fantômes coriaces de la Shoah, les morts

laissés sans sépulture, ceux des conversions forcées, et les fantômes des enfants cachés, des marranes et des descendants du silence, de tout ce qu'il a fallu taire pour être sauvé. Il y a tout ce que les grands-parents n'ont pas raconté et tout ce qu'on n'a pas osé leur demander, les fantômes de la peur et de l'exil et ceux de la culpabilité. Cette foule de revenants qui habitent nos vies est extrêmement facile à convoquer.

À chaque cycle de vie, naissance, bar-mitsva, mariage, deuil... les voilà sur la liste des invités et parmi les premiers arrivés. Ils resurgissent à l'instant même où les questions de filiation sont engagées, dès que quelque chose est en train de se nouer ou de se rompre dans la famille, de se sceller ou de se défaire, les voilà qui rappliquent. Chaque événement qui noue ou défait les liens les convoque. Forcément ! Ils sont en quête de fils manquants qui sutureraient nos histoires et les leurs.

Dans les vieilles légendes juives, on les appelle des *Dibbouk*. Le mot vient d'une racine hébraïque, *davak*, qui signifie « collé » ou « accroché », car ces présences surgies de nos passés viennent soudain se coller à nos vies, comme un tissu thermoadhésif appliqué sur un textile élimé. Les deux fabriques se mêlent et ne font plus qu'une.

Le *Dibbouk* s'arrime à nos vies. Il n'est ni bon, ni mauvais, ni bien ni mal-intentionné. Il s'accroche à nos histoires, comme un parasite. Il arrive qu'il nous gêne ou nous aide, qu'il nous empêche ou au contraire nous permette d'aller ailleurs.

Dans certaines histoires juives, le fantôme fait des croche-pieds à son hôte et parfois, il lui sauve la mise.

Il habite bien des pages des livres d'Isaac Bashevitz Singer, et de tant d'autres. Dans *La Danse de Gengis Cohn*, Romain Gary l'imagine pourrissant la vie d'un ancien nazi sous les traits d'un juif assassiné à Auschwitz.

Mais la littérature juive traditionnelle lui fait aussi une place considérable.

Le rabbin Joseph Caro, célèbre auteur du grand livre de loi juive, le *ShoulH'an ArouH'*, était par exemple convaincu que la stérilité de sa femme avait été soignée par un *Dibbouk*. Selon lui, cet esprit « collé » à l'âme de son épouse stérile avait personnellement fourni la semence dont elle manquait pour être fertile.

Ainsi, les fantômes ne vous veulent pas forcément de mal. Parfois, ils vous racontent une histoire, la vôtre, et vous disent qu'elle est simplement une reprise de la leur.

Dans le tout premier courriel que Marc adresse à Elsa, s'en est glissé un qui prend beaucoup de place : le fantôme du petit garçon qu'il fut jadis. C'est d'ailleurs à partir du récit d'un événement de son enfance que s'engage leur discussion. Dès les premières lignes de leur échange, Marc raconte à Elsa ce que fut sa première rencontre avec l'idée de la mort :

« Je dois avoir dix ans environ, je suis dans mon lit : cette scène repasse très précisément dans ma mémoire comme un film. Il est tard et je n'arrive pas à trouver le sommeil.

(…) Mes parents regardent la 2e chaîne passée en couleur récemment, pendant que moi, seul dans ma chambre, dans le noir, je me tourne et me retourne sous mon drap. Je ne le sais pas encore mais mon inconscient a ouvert une porte qui ne se refermera plus jamais. Exit l'insouciance de l'enfance, envolées toutes ces belles années vécues où le temps ne compte pas, où il s'écoule en de longues minutes, de longues heures à attendre… mais là, ce soir-là, je prends conscience que je viens de vivre dix ans de ma vie ! Dix ans déjà de consumés comme une bougie dont la matière fond inexorablement jusqu'à l'extinction. Comme un sablier qu'on ne peut retourner. Encore une fois comme ça et j'aurai vingt ans. Encore autant et cela fait quarante… et encore une fois cette quantité qui me paraît ridicule à compter et j'aurai quatre-vingts ans… pour ainsi dire la fin, la mort. »

Un petit garçon fait à l'âge de dix ans une crise d'angoisse, en prenant conscience que la mort est inévitable. Cet enfant qui découvre la mortalité appelle en pleine nuit sa mère qui vient le rassurer. Cet enfant, devenu homme, et aujourd'hui mort bien avant d'avoir atteint « pour ainsi dire la fin », raconte à cette femme qui quelques mois plus tard va mourir, ce que fut la grande peur de ses dix ans : il savait déjà au début de son histoire, ce que serait sa fin.

Elsa lui répond et suggère que cette nuit offre une clé de compréhension d'une histoire qui remonte à bien plus loin. Selon elle, cette nuit porte la trace d'un fantôme. « *Un sentiment de panique c'est quoi ?* écrit-elle, *c'est un sentiment d'abandon très puissant qui réactive quelque chose que l'on ne t'a pas dit sur TON histoire. Cette peur de mourir, c'est une envie de mourir, la peur d'être abandonné se traduisant par une envie de s'abandonner définitivement.* »

Alors que je lis ces quelques lignes de leurs échanges et vous les donne à lire, je ne saurais dire si je les honore ou les trahis. Je ne saurais dire si faire résonner leurs voix est un hommage ou un irrespect.

Rien n'est plus dangereux que de faire parler les morts. Mais rien n'est plus sacrilège que de les faire taire. Alors je n'irai pas plus loin.

Je ne parlerai pas au nom d'Elsa et de Marc. J'espère avoir su être la plus fidèle possible à leurs mondes en les racontant, sans tronquer ou dénaturer leur conversation. J'aimerais juste leur dire ma gratitude. Car en vérité, et de façon inattendue, ces échanges épistolaires adressés par-delà leur mort, et qui ne m'étaient pas destinés, m'ont permis de revisiter des éléments de ma propre histoire. Qui sait d'ailleurs si ce n'est pas par cet écho que leur vie faisait dans la mienne que j'ai trouvé le moyen de les accompagner.

De façon troublante, il m'a semblé en les lisant qu'ils ne m'invitaient pas uniquement à confronter leurs hantises, mais également mes propres peurs. Peut-être que les fantômes de leurs échanges n'étaient pas plus les leurs que les miens, et qu'ils m'invitaient à les entendre.

En découvrant leur correspondance, j'ai su qu'à mon tour, il me faudrait les raconter. Convoquer mes revenants, comme Marc avait convoqué les siens.

Car la mort qui se montre un soir à un enfant et l'empêche de trouver le sommeil n'a pas trouvé que Marc. À moi aussi, elle a rendu visite. C'était il y a fort longtemps, au temps de mes dix ans, au soir d'une enfance encore cachée derrière les rideaux de mes grands-parents.

Je passais des vacances à Nancy, comme très souvent, dans l'appartement de mes grands-parents paternels. Mon frère et moi, en rivalité permanente comme le sont souvent les enfants aux âges rapprochés, multipliions les astuces pour gagner le statut de petit-enfant préféré, ou d'héritier modèle. La jalousie faisait souvent tourner court nos jeux, et nos disputes étaient légendaires.

Ce jour-là, mon frère avait reçu en cadeau un jeu qui me fascinait. Il s'agissait d'un kit qui façonnait, à l'aide de produits chimiques, des petits réceptacles de résine, dans lesquels vous pouviez tremper un jouet pour lui construire un écrin plastifié. L'objet enveloppé prenait ainsi l'aspect d'un presse-papier, ou d'un objet de collection.

Je ne me rappelle pas précisément l'apparence de cette matière solidifiée ni même son réel intérêt ludique… en revanche, je me souviens très distinctement de son odeur entêtante et de ma jalousie entêtée. Étrange mémoire olfactive qui écrase tout autre souvenir.

La fin d'après-midi venue, cette odeur de résine émanant d'un des objets que mon frère avait posé sur la table de la salle à manger m'attira irrésistiblement. Pour une raison qui m'échappe, je portai cet objet à mon nez puis à ma bouche. La consistance du plastique était un peu molle et j'eus soudain envie de le goûter. Finalement, après en avoir mâchouillé une extrémité, j'en avalai un tout petit morceau.

J'ignore ce qui advint précisément ensuite. Je me souviens simplement qu'une fois la nuit tombée, et l'heure du coucher arrivée, je fus soudain saisie d'une terreur mêlée à une certitude. Ce petit bout de résine ingéré m'avait « évidemment » empoisonnée. J'eus alors la conviction absolue et désespérée que rien ne pourrait me sauver et que cette nuit-là serait ma dernière. J'allais mourir, c'était sûr. J'étais condamnée.

Pendant des heures, je pleurai dans mon lit, en refusant de dire quoi que ce soit de ma « révélation » à mes grands-parents. Pas question de leur annoncer ma mort prochaine : l'idée de leur causer du chagrin m'était insupportable. Je devais affronter seule cette dernière nuit de ma vie, et garder secrètes les raisons de mon imminente disparition.

Pour la première fois de mon existence, j'eus alors l'idée saugrenue de me tourner vers ce qui me semblait le seul salut possible. Pour la première fois de ma vie, si courte et déjà finie, je me décidai à prier. J'engageai maladroitement une conversation avec un Dieu dont, dans ma famille, on ne parlait pas du tout. Et puisqu'on ne disait rien de lui, je ne savais rien de l'art de converser avec lui.

Cette absence de culture de la prière dans ma famille peut sembler surprenante. Après tout, mon grand-père était rabbin, ou du moins, avait fait une école rabbinique avant de devenir enseignant. Il avait pour nous tous la stature d'un patriarche, et beaucoup de gens le considéraient comme un homme pieux. Mais le silence autour de Dieu était une marque de fabrique de son judaïsme que l'on appelait alors « israélite », centré sur un rationalisme républicain, doublé d'un attachement fort à tous les rites domestiques du judaïsme, mais pratiqué dans une discrétion extrême qui ne devait rien dire, ni au monde extérieur, ni même aux membres de votre propre famille, des croyances ou pratiques de chacun.

C'est sous son toit que ce soir-là, et sans rien lui dire, je formulai la toute première prière de ma vie. De mon point de vue d'enfant, elle était le dernier espoir d'une condamnée à mort. Les mots d'une petite fille qui s'engage dans une forme de négociation avec un Dieu inconnu, et vient toquer à sa porte en formulant un « si tu me sauves, je te promets de... ».

Impossible de me souvenir du contenu précis des engagements solennels que je pris cette nuit de mes dix ans. Je me souviens simplement avoir eu le sentiment de sceller un pacte avec plus grand que moi. J'ai prié, pleuré et prié encore.

Et ce soir-là, Dieu m'a répondu. Il ne s'est pas manifesté sous la forme d'un buisson ardent qui brûle mais ne se consume pas. Il n'a pas fait surgir dans ma chambre un mont Sinaï, ni énoncé de commandements. Il m'a envoyé un sauveur.

Tard dans la nuit, mon grand-père a traversé l'appartement. Je l'ai entendu marcher le long du couloir et c'est ainsi qu'il est arrivé dans ma chambre, comme s'il savait ce que j'y traversais.

Il s'est assis au pied de mon lit, et avec douceur, il m'a invitée à lui parler de ma peur, c'est-à-dire de ma mort. Je m'entends encore lui raconter le vol du jouet de mon frère, la tentation puis la transgression suprême d'avoir goûté de cette résine plastifiée à laquelle je n'avais pu résister, la culpabilité puis la terreur, et la mort qui, en moi, s'était immiscée. La confession dans le judaïsme n'existe pas vraiment, sauf celle qui précède immédiatement la mort. En ignorant tout de cette tradition, je m'y soumettais.

Des années plus tard, et devenue rabbin à mon tour, je ne peux m'empêcher d'imaginer ce que mon grand-père a forcément entendu ce soir-là dans le récit de sa petite-fille.

Pouvait-il y percevoir autre chose que l'écho évident d'une très vieille histoire biblique ? Tous les motifs ou presque y étaient convoqués, comme ressuscités dans la terreur d'une enfant qui joue à sa manière une histoire connue de tous, mais pas encore d'elle.

Et cette histoire dit :

Au commencement, l'humanité fut placée dans un jardin, celui d'une innocence originelle, où un monde créé en sept jours est encore promis à une sérénité éternelle. Cette humanité infantile, au paradis d'Éden, ne prête pas tout de suite l'oreille à la parole d'un Dieu qui la met pourtant en garde :

« Tous les arbres du jardin, tu peux t'en nourrir, mais l'arbre de la connaissance du bien et du mal, tu n'en mangeras point, car du jour où tu en mangeras, tu mourras[1]. »

L'interdit pouvait-il ne pas être transgressé ? L'humanité finit par céder et goûter, et alors, dit la Thora, ses « yeux se dessillent » et elle comprend que la mise en garde est plus subtile qu'il n'y paraît. Aucun Homme ne meurt instantanément d'avoir consommé le fruit, ni Adam, ni Ève, ni aucun de ses descendants.

---

1. Genèse 2:17.

Mais en un instant, l'Homme acquiert la connaissance, c'est-à-dire la conscience que la mort viendra un jour. L'humanité découvrant qu'elle est mortelle se cache, dans un jardin ou parfois sous ses couvertures, terrorisée. Et Dieu, qui sait très bien où la trouver, lui demande : « Où es-tu[1] ? »

Cette question n'est pas géographique mais toujours existentielle. En ouvrant les yeux sur la mort, l'humanité sait très bien où elle est : elle se sait dorénavant arrachée au monde de sa naissance, hors de la naïveté première, et pour toujours, expulsée du jardin de ses origines.

Lorsque mon grand-père entendit ma peur, il se leva et fit alors quelque chose qui changea le cours de l'histoire, c'est-à-dire celui de ma genèse personnelle. Il alla chercher sur la table de la salle à manger tout ce qui restait de l'objet grignoté que j'avais replacé là, le plus discrètement possible. Il revint s'asseoir à mes côtés.

Puis, en me regardant droit dans les yeux, il le porta à sa bouche, et en croqua un gros morceau, qu'il mâcha et avala. Ensuite, mon grand-père m'embrassa avec douceur, me souhaita bonne nuit et sortit de ma chambre.

Je compris ce soir-là, non pas que le morceau plastifié que j'avais consommé était totalement inoffen-

1. Genèse 3:9.

sif, car rien ne pouvait en cet instant m'en persuader, mais j'eus une révélation beaucoup plus essentielle : je sus que mon grand-père, le plus grand sage de mon monde, m'accompagnait dans mon exil. Il me disait qu'à mes côtés, il quitterait encore Éden, et que, face à la mort, il ne me laisserait pas seule.

J'ai fini par trouver le sommeil, bien plus tard dans la nuit.

En m'éveillant le lendemain, j'ai eu le sentiment d'avoir été sauvée. Mon grand-père ne me reparla plus jamais de cet épisode, et moi non plus. Nous redevînmes des israélites face à ce secret, des gens qui gardent pour eux leurs croyances, leurs pratiques et même leurs peurs. Mais je crois que quelque chose entre nous fut à jamais différent. Nous avions scellé une alliance.

Lorsque je songe à ce souvenir d'enfant, l'adulte que je suis devenue rit et hausse les épaules. Elle voudrait dire à cette petite fille effrayée : « Tu ne risquais rien du tout. Ton imagination fertile et ton sentiment de culpabilité guidaient ta terreur. »

Je sais aussi que l'enfant qui reprend la parole en moi de temps à autre a vécu quelque chose de très réel cette nuit-là : sa rencontre avec la mort.

Cette enfant sait, comme Marc l'a su et raconté dans sa lettre à Elsa, que dans l'obscurité une porte s'est ouverte dans la conscience terrifiante que la mort reviendrait un jour.

Cette porte ouverte a sans doute beaucoup à voir avec celle que je suis devenue. À travers elle, j'ai fait entrer bien des questions et des quêtes, des peurs et des prières, mais aussi la confiance dans l'idée qu'il y a dans ce monde une possibilité de salut. Cet espoir porte bien des noms. Certains l'appellent Dieu mais les juifs ont choisi de ne pas le nommer. Son nom est ineffable. En refusant de le prononcer, ils reconnaissent que sa puissance est immense et échappe aux mots qui la limiteraient. Il prend bien des visages et des traits, tantôt ceux d'un sauveur, tantôt ceux d'un secret.

Je sais pertinemment désormais que je ne risquais rien cette nuit-là, que je n'allais pas mourir empoisonnée, mais je sais tout autant que j'ai dans la pénombre été sauvée, par une petite prière et un grand homme.

À l'instant où j'ai été expulsée de l'Éden de mon enfance, j'ai su qu'il n'existait aucun chemin de retour. À presque dix ans, dans une crise de panique, je suis devenue une « survivante ».

J'entends la voix d'Elsa qui résonne et me répond avec les mêmes mots, qu'elle adressait à Marc, et à travers lui, à tous ceux qui voudraient un jour la lire : *« Un sentiment de panique c'est quoi ? C'est un sentiment d'abandon très puissant qui réactive quelque chose que l'on ne t'a pas dit sur TON histoire. »*

Chez mes grands-parents paternels, j'ai rencontré la mort, une nuit. Elle était venue me dire qu'on ne m'avait pas tout dit de mon histoire. M'avertir qu'il y avait dans mon jardin beaucoup de fantômes et des secrets qui y poussaient comme des arbres. Parmi eux, il en est un qui portait les fruits de la connaissance du bien et du mal absolu, les fruits de la connaissance d'une histoire jamais racontée. L'arbre des survivants dont j'étais née.

Cet arbre poussait ailleurs, non pas chez mes grands-parents paternels, mais dans le jardin ravagé de ma famille maternelle. J'étais le fruit de ces arbres brûlés jusqu'à la cendre, ces résineux des plaines de Birkenau où personne ne m'avait jamais emmenée et dont on ne m'avait rien dit. De ces arbres arrachés et replantés ailleurs, une sève amère me parvenait.

Au soir de mes dix ans, j'avais décidé de goûter à cette mémoire, quitte à en mourir.

Trente ans plus tard, en accompagnant tour à tour le départ d'Elsa et de Marc, dans la force de leurs échanges et par leur histoire, j'ai revisité la mienne.

SARAH ET SARAH

« Le panier des générations »

Son fils m'appelle.

Elle vient de mourir et il souhaiterait que je mène demain la cérémonie des obsèques, dans un cimetière près de Paris. Il me dit : « Nous ne sommes pas religieux, mais elle aurait voulu un kaddish. » J'ai si souvent entendu cette phrase que j'ai appris à entendre tout ce dont elle est aussi chargée. Parfois, elle est énoncée sous une autre forme : « Vous savez, nous voudrions un enterrement traditionnel même si nous ne sommes pas vraiment de "bons juifs". »

J'ai renoncé à expliquer que rien ne fait davantage de vous un juif que de dire que vous n'en êtes pas un bon, et qu'il est très juif de croire qu'on n'est pas celui qu'on devrait être. C'est plutôt la certitude d'en être un « tout à fait comme il faut » qui est généralement suspecte. Le judaïsme n'exige pas d'examen de passage à ceux qui sont déjà en son sein. Il ne connaît pas de tableau d'honneur, ne distribue aucun bon point, et chaque juif sait que pour un autre juif, sa cuisine ne sera pas assez casher et sa pratique pas assez stricte. Qu'il en soit ainsi.

Il commence donc notre conversation en s'excusant, et à son « je ne suis pas un bon juif » j'ai envie de répondre : « Moi non plus, alors arrêtez de faire le malin. » Mais ce n'est pas le moment de faire des blagues. Quoique…

Deux rabbins sont à l'arrière d'un taxi à New York. L'un dit à l'autre : « Je suis petit et médiocre. Je suis inexistant. » L'autre renchérit : « Quant à moi, je suis poussière de poussière, fumée inconsistante, informe et ridicule. » Le chauffeur de taxi se retourne vers eux et s'exclame : « Mais enfin, Messieurs les grands rabbins, si avec votre sagesse, vous êtes poussière et fumée, alors moi, je suis un néant de néant, un déchet minable, un résidu… » Les deux sages se tournent immédiatement l'un vers l'autre et disent : « Non mais, pour qui se prend-il, celui-là ? »

La sagesse juive l'affirme de mille manières et même dans son humour :

La grandeur n'est pas dicible et encore moins par celui qui la détient. Il faut être sacrément grand pour être en mesure de se dire tout petit. Dès lors, la conviction d'être « comme il se doit » vous rend paradoxalement un peu moins légitime.

Notre rencontre de mauvais juifs a lieu dans un

café où je donne souvent rendez-vous. Cela peut sembler incongru mais j'ai besoin d'un peu de vie autour de moi pour parler des morts. Des gens lèvent leurs verres, et j'ai envie de dire *LeH'ayim.*

Il arrive seul, s'installe, et c'est alors que Sarah, sa mère morte, nous rejoint dans les mots de son fils unique. Elle l'écoute discrètement raconter sa vie, car même de son vivant, elle n'en a pas dit grand-chose. Je la reconnais tout de suite : son mutisme de vieille juive m'est très familier. Il a toujours parlé fort dans mon enfance, c'est le silence des survivants.

Je sais dès le début de la conversation que sa vie est irracontable, mais son fils s'y essaie malgré tout. Il voudrait me dire qui elle fut, même si nous savons tous les deux que ni les mots, ni les dates ne sauraient décrire ce qui lui est arrivé et que nous pourrions tout aussi bien nous taire pour en parler. C'est une vie qui traverse le siècle et peut-être un peu plus encore. Son fils m'explique que, selon les papiers de l'administration française, remplis dans les années 50, sa mère avait quatre-vingt-dix-sept ans, mais que selon ses calculs à lui, elle a forcément beaucoup plus. Car les dates ne collent pas.

Effectivement, rien ne colle. L'histoire qu'il me rapporte est un assemblage d'éléments plus tragiques les uns que les autres et les malheurs infinis qui se sont abattus sur Sarah sont plus que la vie d'une centenaire ne peut en contenir.

Il y a la naissance en Hongrie, près de Budapest, de

cette fille unique d'un couple de petits commerçants juifs. Ses parents meurent, assassinés, tandis qu'elle est enfant et la voilà confiée à une tante. Elle grandit dans la pauvreté, puis se marie et devient mère à son tour, d'une petite Rivka. Rapidement, son mari tombe malade et décède. La guerre resserre son étau autour d'elle. À l'été 1944, Sarah, sa tante et la petite Rivka sont déportées vers Auschwitz. À leur arrivée au camp, elles sont immédiatement séparées. Rivka lui est arrachée et elle voit s'éloigner sa petite fille chérie, qui part avec sa tante vers les chambres à gaz. Sarah survit à la déportation et se retrouve à Paris, un peu par hasard, en 1945. Elle multiplie les petits boulots et tente de reconstruire un semblant d'existence, se débrouille pour obtenir des papiers en s'arrangeant un peu avec les dates et les déclarations sur l'honneur, puis elle rencontre Misha, lui aussi rescapé. Ensemble ils fondent une famille et ont un fils, ce « mauvais juif » qui me raconte comme il peut l'histoire de sa mère. Mais le couple de Sarah et Misha ne s'entend pas et crie beaucoup, en yiddish. Ils se séparent. Sarah passera les quarante années suivantes, seule, en travaillant beaucoup pour un maigre salaire, puis avec une minable retraite, avec pour seul réconfort les très rares visites de son fils et, plus rares encore, celles de ses deux petits-enfants.

« Ma mère était très dure », me dit-il, comme si l'on pouvait être autre chose pour survivre à l'existence qui fut la sienne. Dans la plupart des familles de descendants de la Shoah, on reconnaît cette dureté caractéristique : ont-ils survécu parce qu'ils l'étaient ou le sont-ils devenus pour survivre ? Nul ne peut répondre à cela.

On admet souvent dans ces familles que la communication y est complexe, souvent plus hurlée que parlée. Un ami, enfant d'une histoire semblable, m'a dit un jour : « J'ai longtemps cru que le yiddish était une langue qu'on ne pouvait parler qu'en aboyant. »

J'écoute ce fils m'évoquer sa mère et je me demande comment je vais pouvoir raconter cette histoire le lendemain au cimetière à ses proches réunis. Que dois-je y faire résonner ? Que faut-il dire à ses descendants et à tous ceux qui seront présents et ne savent sans doute rien ou presque de l'histoire de cette misérable du XXe siècle, Cosette d'un ghetto de Hongrie. Faut-il leur raconter son histoire à elle, ou l'Histoire d'un siècle dont ils sont aussi les enfants ?

Faut-il leur dire qu'elle est une des dernières qu'il nous sera donné d'accompagner, alors que cette génération nous quitte et que bientôt aucun survivant ou témoin direct ne pourra raconter ?

Bien évidemment, il faut faire tout cela, et dire combien l'histoire d'une femme porte celle de tous les Hommes, pas juste ceux de son temps, mais aussi ceux qui, bien après, doivent vivre avec la conscience que « cela » s'est passé. Pour raconter Sarah, il faut dire l'Histoire et pas seulement la sienne, rappeler ce que l'Homme a fait à l'Homme, à travers cette femme, pour que chaque génération s'en souvienne.

En hébreu « génération » se dit *dor*. Ce mot est omniprésent dans les prières et la liturgie. *Midor ledor*, « de génération en génération »... *beH'ol dor vador*, « à chaque génération »... Éternel, nous te chantons, te glorifions, plaçons notre confiance en Toi, savons que tu interviendras en notre faveur, etc. Les références à cet espoir et cette confiance intergénérationnels ne manquent pas dans les livres de prières.

Quand on connaît l'histoire juive et son enchaînement de catastrophes et de drames, on se demande, avec une pointe d'ironie, s'il ne faudrait pas cesser de remercier Dieu à chaque génération pour son intervention miraculeuse, histoire de voir si cela fait une différence.

Le mot *dor*, qu'on traduit par « génération », signifie en réalité quelque chose d'un peu plus complexe : c'est, littéralement, l'action de tisser des paniers. L'image est simple et saisissante. Pour tisser un panier, il faut passer un fil ou de la paille entre les lanières bien rangées de la lignée précédente. Un panier se construit toujours de bas en haut. Chaque nouvelle rangée s'accroche à celle qui lui a donné naissance, s'ancre en elle, pour constituer à son tour le support solide de la rangée suivante.

On comprend aisément la métaphore : une génération en hébreu est une rangée d'un panier. Elle s'attache à la force de la précédente et anticipe la consolidation de la suivante.

Dans nos familles, comme dans nos ateliers de tissage, une simple rangée arrachée ou fragilisée met en danger tout l'édifice et peut détricoter l'ouvrage entier, de haut en bas ou de bas en haut.

La Shoah a fait dans le panier de Sarah, dans celui de toute sa famille, de la mienne et de tant d'autres, des béances « intissables ». Tous ces deuils ont produit des « détricotages » qui se sont raccrochés comme ils pouvaient aux fils arrachés, pour laisser à la corbeille un semblant de forme.

J'ai souvent rencontré des enfants dont les parents survivants étaient si abîmés que le panier s'était littéralement retourné. Les enfants « nés après » la catastrophe sont souvent devenus les parents de ceux qui leur avaient donné naissance. S'est inversé le sens de l'histoire pour que la génération suivante puisse accrocher à l'envers les mailles des histoires parentales.

Ceux dont les parents avaient perdu des enfants pendant la guerre devaient crocheter plus finement encore : être à la fois les parents de leurs parents et les remplaçants de leurs frères aînés. S'agripper à des fantômes et arrimer les êtres dévastés qui leur avaient donné naissance.

Ces enfants « nés après » sont devenus les parents de leurs parents et, investis de cette mission impossible, ils ont pris sur eux de beaucoup les protéger et de beaucoup les engueuler.

Souvent, ils ont aussi cherché à les réparer. Shoah ou pas, tous les enfants cherchent à faire cela et se prennent un jour ou l'autre pour des messies, convaincus de pouvoir apporter la rédemption à leurs ancêtres, de corriger tout ce qui a cloché avant eux.

Ce syndrome de l'enfant-messie est décuplé dans les familles traumatisées.

Les drames et les deuils rendent cette entreprise de réparation plus insensée encore, vouée à l'échec, à moins de savoir ressusciter les morts... Certains, comprenant combien le projet est vain et irréalisable, finissent par partir, et essaient d'aller « tisser ailleurs », pour tenter de survivre à leurs parents survivants.

Être un fils de survivants qui quitte ses parents, ou qui s'éloigne, n'est jamais simple à vivre. On prend alors le risque de passer des années à se demander comment on peut être à la fois un « mauvais juif » et un « mauvais fils ».

Un à un, les survivants meurent et nous réalisons qu'il y a tant de choses que nous n'avons pas sues, qu'ils n'ont pas dites et que nous n'avons pas demandées. Parfois, ils disparaissent sans avoir révélé leur vrai nom, leur ville de naissance, l'histoire de leur famille assassinée. Parfois on ne connaît pas même leur âge, comme ce fut le cas de Sarah. On passera alors le reste de sa vie à se demander si le peu d'informations dont on dispose n'est pas aussi erroné que leurs déclarations à l'administration française.

Le lendemain de ma conversation avec le fils de Sarah, je suis arrivée tôt au cimetière. Je voulais voir à quoi ressemblait le panier et ses morceaux éparpillés. Je voulais savoir auprès de qui son fils avait construit sa vie loin d'elle, qui étaient les amis venus l'épauler, à quoi ressemblaient ceux qui le soutenaient aujourd'hui. Étaient-ils juifs ? Partageaient-ils un peu de son histoire ? N'en savaient-ils rien ? À qui allais-je bientôt raconter cette histoire maudite ?

Je me suis faufilée parmi ceux qui attendaient, à l'entrée du cimetière, le début de la cérémonie et les instructions des pompes funèbres. Le fils de Sarah n'était pas encore là, et j'ai décidé d'attendre avec les premiers arrivés, comme si j'étais une simple connaissance, pour pouvoir les observer. Le petit groupe gonflait de minute en minute. Certains semblaient se connaître et échangeaient des banalités. D'autres attendaient en silence. Personne ne m'a rien demandé.

Enfin le maître de cérémonie, qui venait sans doute d'obtenir l'autorisation d'inhumer, est venu nous trouver : « Pour ceux qui accompagnent Madame Marchand, nous allons pouvoir avancer vers le lieu de la sépulture. »

Le petit groupe se mit en mouvement et il me fallut encore quelques secondes pour me rendre à l'évidence : je m'étais tout simplement trompée de cortège.

Je m'étais incrustée dans le mauvais enterrement et n'avais rien à faire là, à moins de vouloir à tout prix raconter à ces inconnus l'histoire de Sarah, et la faire un peu connaître à d'autres endeuillés, qui n'en étaient pas à un chagrin près.

Le fils de Sarah est arrivé bien plus tard, quand le cercueil que j'avais voulu suivre était sans doute déjà sous terre. Je l'ai vu entrer dans le cimetière et, bien entendu, je n'ai pas dit un mot sur le « premier enterrement » de sa mère.

Il a avancé droit dans ma direction et m'a dit : allons-y. Puis, il a fait signe aux pompes funèbres. Notre convoi, le vrai, s'est alors mis en route, lentement. Suffisamment lentement pour que je le comprenne : pour cet enterrement-là, il n'y avait que lui et moi.

Le fils de Sarah était venu seul. Tout seul.

« Nous ne sommes pas religieux mais elle aurait voulu un kaddish », m'avait-il fait savoir la veille. Ignorait-il que pour réciter cette prière, il faut être au moins dix personnes, ce qu'on appelle un *minyan* ? Je n'ai rien dit et j'ai marché avec lui jusqu'au lieu de l'inhumation.

Dans la tradition juive, le kaddish ne désigne pas seulement la prière des endeuillés, mais également la personne qui est censée le réciter pour vous. Un père ou une mère peuvent très bien vous présenter leur fils avec ces mots : « Voici mon kaddish », c'est-à-dire voici celui qui le récitera un jour au bord de notre tombe.

Voilà comment, ce jour-là, je me suis trouvée seule face au « kaddish » de Sarah.

Dans l'allée du cimetière, à quelques pas d'une tombe ouverte, le cercueil était posé entre nous, et nos deux visages se faisaient face. D'un côté, se tenait l'homme qui m'avait raconté la veille tout ce qu'il savait de sa mère. De l'autre, j'étais celle qui allait en retour le lui répéter.

Et moi qui avais prévu de m'adresser à d'autres, de parler à des hommes et des femmes qui à travers mes mots feraient sa connaissance, pensant m'être « fendue » d'un bel hommage, ridicule vanité, j'ai simplement raconté cette femme à celui dont je tenais tout ce que je savais d'elle.

Je me suis adressée à ce fils pour lui raconter sa mère. Je lui ai dit le monde d'avant, les deuils et l'enfant arrachée, une vie à reconstruire et une parole impossible. J'ai repris ses mots dans ma voix, je les ai traduits dans mon langage pour les lui faire entendre autrement.

Je crois que jamais mieux que ce jour-là, je n'ai compris mon rôle et ce à quoi sert un officiant au cimetière. Accompagner les endeuillés, non pas pour leur apprendre quelque chose qu'ils ne savaient déjà, mais pour leur traduire ce qu'ils vous ont dit, afin qu'ils puissent l'entendre à leur tour. Et s'assurer ainsi que le récit qui a quitté leur bouche revienne à leurs oreilles par l'intermédiaire d'une voix qui n'est pas la leur, enfin pas tout à fait, une voix qui fait dialoguer leurs mots avec ceux d'une tradition ancestrale, transmise de génération en génération, aux « bons » et aux « mauvais » juifs, et surtout à ceux qui font comme ils peuvent.

Nous y revoilà. Les mots de la tradition que le rabbin apporte, parce qu'ils ont été transmis de génération en génération, *midor ledor*, ont la capacité de retisser les paniers en y ajoutant des fils.

Soudain, l'histoire d'un homme ou d'une femme est un peu reprisée, par l'écoute renouvelée de ses héritiers. Voilà exactement ce qui se lie au bord d'une tombe.

Ce jour-là, j'ai dit à un homme ce qu'avait été sa mère, ne pouvant inventer autre chose que ce qu'il m'en avait livré. Et pourtant, je ne saurais l'expliquer, mais c'est comme si une autre histoire s'était devant nous énoncée.

Le fils de Sarah s'est avancé vers le cercueil et a caressé de sa main ce bois qui enveloppait sa mère. Il a pleuré longuement, et c'est là qu'il m'a dit : « Quelle vie elle a eue ! » J'ignore dans quelle mesure il venait de le découvrir.

Nous sommes ensuite restés là très longtemps, en silence. Je n'ai pas demandé au fils de Sarah pourquoi il était venu seul, où étaient ses enfants, ni pourquoi il n'avait pas jugé bon de les faire venir à l'enterrement de leur grand-mère. Je n'avais pas besoin de le lui demander. Je le savais parfaitement parce que, un jour, j'avais été moi-même l'un de ces enfants.

J'avais simplement oublié, le temps de remplir ma fonction de rabbin, à quel point l'histoire de Sarah m'était familière. À quel point elle était aussi la mienne, ou plutôt celle d'une autre Sarah, ma grand-mère.

Une jeune femme juive des Carpates, déportée à Auschwitz-Birkenau avec un enfant qu'elle ne reverrait plus, une survivante emmurée dans le silence, qui, après la guerre, donnera naissance à ma mère et ma tante, ne dira rien de son histoire ni de sa vie d'avant, surtout pas à ses filles, qui iront pour lui survivre voir ailleurs si elle n'y est pas, et à leur tour ne raconteront rien de cette histoire à leur descendance et feront comme si le panier pouvait se porter, même déchiré, et garder une forme à peu près convenable.

À la mort de ma grand-mère, on m'a tenue à distance. Je n'ai pas été conviée à son enterrement. J'avais douze ou treize ans, et pas un instant il n'a été envisagé que je m'y rende. Je ne devais pas connaître l'histoire, et il avait été décidé que ce kaddish se réciterait en l'absence des petits-enfants. J'ignore combien de personnes ont entouré ma mère ce jour-là. Il n'était pas question que je fasse partie de ce cortège, ni même que je demande à m'y joindre.

Ma mère nous interdisait d'entrer dans un cimetière. Vieille superstition ashkénaze : ne pas faire approcher les enfants de la mort. Je suppose qu'on s'imagine ainsi la tenir hermétiquement à distance.

Je me souviens que, toute petite, une vieille dame qui nous gardait parfois avait pris un jour l'initiative de nous emmener, mon frère et moi, fleurir la tombe de son mari, près d'une église, dans le petit village où il reposait. J'avais adoré ce moment passé à remplir un seau d'eau pour en verser le contenu sur une tombe, et faire briller le marbre et la photo d'un vieux monsieur. Quand ma mère apprit cela, elle se mit dans une rage folle. Je ne crois pas avoir jamais revu notre gardienne.

Tant d'années, j'ai été tenue loin de la mort que je ne peux m'empêcher de penser que les heures que je passe aujourd'hui à son contact, près des stèles de marbre gravées, ne sont pas étrangères au fait qu'on ait tenté de m'en préserver. Il m'arrive de croire que je viens chercher, dans ces cimetières que j'arpente si souvent, quelque chose que je n'y trouverai jamais, la possibilité d'assister à un enterrement auquel je n'ai pas été conviée. Pouvoir enterrer ma grand-mère, et dire enfin « Quelle vie elle a eue ! ».

En sortant du cimetière, le jour de l'enterrement de Sarah, j'ai invité son fils à me suivre pour faire ce que font les « bons juifs » avant d'en repartir, se laver les mains avant de quitter ces lieux.

C'est-à-dire symboliquement séparer les espaces, ceux de la mort et ceux de la vie, et laisser là ce que le Talmud appelle l'impureté des cadavres.

Bien entendu, tout cela est très symbolique. On emporte ses morts partout avec soi, et s'ils restaient au cimetière, cela se saurait. La vie et la mort ne sont pas hermétiquement séparées, et l'eau qui coule n'imperméabilise pas nos vies du deuil.

Parfois, il me semble au contraire que, à la manière d'un panier passé sous l'eau, ces ablutions rétrécissent les mailles et nous disent qu'ainsi nous resserrons les liens avec ceux qui nous quittent. De génération en génération.

MARCELINE ET SIMONE

« Au jour du Jugement »

Marceline se décrivait souvent comme une « fille de Birkenau ». Quand elle utilisait cette expression, elle ne parlait pas des millions de femmes qui comme Sarah et ma grand-mère avaient connu ce camp et survécu à cet enfer. Je crois qu'elle évoquait certaines d'entre elles, celles qui lui semblaient faites du même matériau qu'elle, et plus particulièrement l'une d'entre elles, son amie Simone.

Cette expression me surprenait toujours. Elle disait « les filles de Birkenau », comme on dirait « les gamines de Ménilmontant », « les demoiselles de Rochefort », ou comme on désignerait un club très select. Ce décalage de registre était la marque de fabrique de Marceline. Elle avait choisi de ne jamais être là où on l'attendait, ni dans ses mots, ni dans ses choix politiques, jusque dans ses cheveux qui racontaient sa dissidence.

Sa crinière rousse et désordonnée révélait une désinvolture qui disait merde au monde entier, aux dogmatiques, aux conservateurs et même à Dieu. Surtout à Lui auquel elle ne croyait pas et qu'elle engueulait souvent.

Elle m'appelait « ma rabbine ». On se racontait souvent des blagues juives bien connues qu'on faisait toutes deux semblant d'entendre pour la première fois. Comme celle-ci : *l'histoire de deux rescapés des camps qui font de l'humour noir sur la Shoah. Dieu, qui passe par là, les interrompt : « Mais comment osez-vous plaisanter sur cette catastrophe ? », et les survivants de lui répondre : « Toi, tu ne peux pas comprendre, tu n'étais pas là ! »*

Marceline était une grande théologienne, capable de disserter, la clope au bec, sur l'absence de Dieu à Auschwitz, l'orgasme féminin et les vertus de la vodka, une seule et même conversation sur le sacré de la vie.

Et puis, elle était l'amie de Simone. La force extraordinaire de ce qui les liait ne tenait pas seulement aux souvenirs indicibles de l'enfer partagé, mais aussi à tout ce qui semblait les opposer. Le chignon serré de l'une et la crinière sauvage de l'autre les racontaient de façon presque caricaturale. Leurs engagements politiques et leurs choix de vie étaient aux antipodes. Le sens absolu du devoir, la constance et la vie familiale pour l'une ; la liberté totale, politique et amoureuse, le refus d'être mère pour l'autre.

Dans le documentaire que David Teboul a consacré à Simone Veil[1], il y a cette scène inoubliable : les deux femmes, tels deux pôles contraires collés l'un à l'autre, papotent sur un lit comme des gamines, et nous aimantent.

Leur amitié est devenue pour moi, et pour bien des gens de ma génération, plus qu'un modèle, un étendard. Eurent-elles conscience de ce qu'elles nous ont enseigné ?

Pour moi, Simone et Marceline sont les visages de ce qu'on désigne aujourd'hui sous le terme un peu galvaudé de « résilience ». Pour la petite-fille de survivants mutiques que j'étais, elles incarnaient la possibilité de reprendre la parole, de dire sans gêne non seulement ce qu'elles avaient vécu, mais ce que chacune d'elles avait choisi d'en faire. Les engagements de Simone et Marceline, politiques, cinématographiques ou amoureux, m'ont appris ce que « se relever » signifie, et surtout comment permettre à d'autres de le faire. Elles disaient : voilà ce qui nous est arrivé, mais souvenez-vous que nous ne sommes pas « que » ce qui nous est arrivé. Pas que cela, mais capables malgré cela d'engager une forme de réparation du monde, loin de toute compétition victimaire qui, au nom des souffrances endurées, vous offrirait un blanc-seing pour hurler vos colères.

1. « Simone Veil – une histoire française », David Teboul, 2004.

Il m'a semblé qu'à travers elles deux se racontait aussi la condition féminine, dans ses choix complexes et ses dilemmes. Je me suis souvent dit qu'il fallait savoir être à la fois l'une et l'autre, Simone et Marceline, une femme de devoir et de liberté, tenter d'incarner la puissance de l'engagement sans renoncer à son autonomie. Parfois, dans ma tête, l'une et l'autre se disputent.

Simone dit à Marceline : Tiens-toi bien, fais ce que tu as à faire et tâche d'être utile. Et Marceline rétorque : Libère-toi d'abord de ces conneries et aime à la folie. Simone remporte très souvent la bataille. Mais Marceline rit dans sa barbe de féministe et sait qu'elle n'a pas dit son dernier mot.

Je reçois très souvent des messages de femmes qui ont fait toute la place en elles à l'une des deux, et qui imaginent s'être affranchies de l'autre. J'essaie tant bien que mal de les prévenir : « N'imaginez pas vous débarrasser des filles de Birkenau ! Personne ne parviendra jamais à les faire taire. »

Dans les contes pour enfants, il y a souvent une ou plusieurs fées qui se penchent sur le berceau d'un nouveau-né pour y placer un souhait ou offrir un talent. J'ai souvent pensé que Simone avait été l'une de ces fées pour les femmes de ma génération, et qu'elle s'était penchée sur nos berceaux en murmurant une puissante promesse. Je suis née en novembre 1974, au moment même où sa voix portait à l'Assemblée nationale un engagement solennel.

« *Je voudrais tout d'abord vous faire partager une conviction de femme*, avait-elle dit, avant d'ajouter : *Je m'excuse de le faire devant cette Assemblée presque exclusivement composée d'hommes.* »

Il était une fois une femme qui interpellait des parlementaires en leur présentant de prétendues excuses, mais, nous le savions bien, c'était à nous toutes qu'elle s'adressait. Elle disait aux filles de demain que dorénavant, aucune d'entre elles n'aurait à présenter d'excuses pour devenir ce qu'elle voulait être. Cette promesse d'émancipation que nous avions reçue en cadeau faisait de nous des femmes libres de choisir les temps de leur vie, par-delà les assignations biologiques ou les injonctions à la maternité.

Le 30 juin 2017, jour de la mort de Simone Veil, une très vieille légende yiddish m'est revenue en mémoire, l'histoire peu connue d'une dénommée Skotzel. Son nom hante des récits ancestraux qu'on a tenté bien sûr de cacher aux filles. Trop subversif !

Skotzel n'était pas une fée mais un être humain presque comme les autres.

La légende affirme qu'un jour, les femmes de sa génération, épuisées des injustices dont elles étaient victimes et en quête d'émancipation, décidèrent de se trouver une porte-parole et d'envoyer leur représentante plaider leur cause devant l'Éternel en personne.

Elles choisirent la plus érudite et la plus éloquente, Skotzel, pour devenir leur avocate auprès du

Tout-Puissant. Toutes les femmes de la Terre grimpèrent sur les épaules les unes des autres, et formèrent une gigantesque pyramide humaine pour tenter d'atteindre le ciel. Elles placèrent Skotzel au sommet de cet échafaudage humain.

Malheureusement, au pied de l'édifice, quelqu'un perdit un instant l'équilibre et entraîna toutes les autres dans sa chute. Une fois relevées, et après s'être assurées qu'aucune d'entre elles n'était blessée, elles découvrirent avec stupeur que Skotzel avait disparu.

La légende prétend que, depuis cet incident, l'avocate des femmes est toujours en plein plaidoyer face à Dieu, mais qu'un jour elle reviendra et qu'alors, tout sera différent. Son retour annoncera des temps nouveaux, une égalité enfin acquise. Ainsi, chaque fois qu'une femme entre inopinément dans une pièce, on l'accueille par ces mots : *Skotzel Kumt !*, « Skotzel est arrivée ! ». Qui sait, elle est peut-être enfin revenue avec de bonnes nouvelles !

J'ai raconté cette légende à Marceline, lorsque Simone est morte. Je lui ai dit que notre Skotzel, notre avocate érudite et éloquente, celle qui avait si brillamment plaidé notre cause devant les hommes à l'Assemblée nationale, était partie nous représenter devant le tribunal céleste. Marceline et moi sommes tombées d'accord : les avocats de la partie adverse allaient forcément se faire laminer, et Simone reviendrait vite nous annoncer la nouvelle.

Les fils de Simone, Jean et Pierre-François, m'ont appelée alors que la cérémonie des obsèques de leur mère s'organisait. Elle aurait lieu dans la cour des Invalides pour un hommage national, puis au cimetière du Montparnasse pour une cérémonie religieuse plus intime. « Il faudra réciter le kaddish sur ma tombe », avait dit leur mère. Ils m'ont demandé si j'accepterais de le faire à leurs côtés, et aux côtés du Grand Rabbin de France. Ils trouvaient important que la parole d'une femme puisse accompagner leur prière.

Le matin des obsèques de Simone Veil, Marceline et moi avons pris place dans la cour des Invalides, côte à côte. Elle portait comme toujours des énormes bijoux qu'elle appelait ses colliers *balagan*[1], des bagues et des broches en forme d'animaux. La vie scintillait partout sur elle, ses pierres brillantes et ses couleurs chassaient le morbide. Quand la musique a résonné et que le cercueil est entré, porté par les gardes républicains, Marceline m'a donné un petit coup de coude et elle m'a dit fièrement : « C'est ma copine ! » Ça aussi ça voulait dire dans son langage « Fuck la mort ! » et dans le mien « *LeH'ayim !* ».

Jean et Pierre-François Veil ont rendu un hommage magnifique à leur mère, plein d'admiration et

1. « Bazar », en hébreu.

d'humour. Un jour, ont-ils raconté, alors qu'elle avait surpris l'un d'eux à table en train de tenir des propos qu'elle jugeait misogynes, elle avait tout simplement renversé sur sa tête la cruche d'eau du dîner, histoire de lui rafraîchir les idées.

Puis, le président de la République a commencé son discours, et après quelques minutes, la fille de Birkenau m'a demandé : « Dis donc, si j'allume un pétard là maintenant, c'est un problème d'après toi ? » On a pouffé de rire comme des gamines, enfin surtout Marceline, qui était quand même beaucoup plus jeune que moi. Elle disait qu'on a toute sa vie l'âge de son traumatisme, et puisqu'elle avait été arrêtée à quinze ans, le décompte de ses années s'était enrayé là. L'adolescente rebelle ne l'avait plus jamais quittée.

Autour de nous, dans la cour des Invalides, certaines femmes faisaient les gros yeux et fronçaient les sourcils dans notre direction, je crois que Simone en chacune d'elles parlait très fort. Marceline faisait encore semblant de ne pas l'entendre.

À la fin de son allocution, Emmanuel Macron a annoncé que Simone Veil entrerait au Panthéon, et Marceline tout sourire a applaudi bruyamment. « C'est formidable pour elle », m'a-t-elle dit, avant d'ajouter : « Je te préviens, moi, je ne veux pas qu'on me mette au Panthéon. On doit sérieusement s'emmerder, là-bas. »

Plus tard, au cimetière du Montparnasse, elle a pris la parole pour raconter combien sa copine était la plus « canon » de toutes, la plus belle des « filles de Birkenau » dont le charme avait opéré sur tout le monde et tout au long de sa vie. Au bord de la tombe, ses fils ont ensuite récité le kaddish, entourés comme ils l'avaient souhaité de deux rabbins, un homme et une femme, qui ont énoncé avec eux les mots de cette prière ancestrale.

« *Yitgadal veyitkadash shemei rabba…* »

Le kaddish n'est pas la prière des morts, contrairement à ce que pensent certains. C'est une liturgie qui ne parle ni de disparition ni de deuil, mais qui glorifie Dieu, chante ses louanges et énumère sous la forme d'une longue litanie tous les aspects de Sa grandeur.

« *Veyitadar veyithale veyitalal…* » – « Il est élevé, et haut, et digne de louanges… »

On y entend comme un mantra de sonorités très répétitives, des mots murmurés dans une langue qui n'est pas de l'hébreu, mais de l'araméen.

Selon la légende, les anges, messagers du divin, ont le pouvoir d'intercepter toutes nos prières pour les porter vers les sphères célestes. Ils seraient capables de comprendre tout ce que l'humanité formule, dans toutes les langues et les patois qui couvrent la Terre, à l'exception d'un seul : l'araméen. Allez savoir pourquoi, cette langue-là, ils ne la maîtrisent pas.

Si notre prière araméenne ne peut être interceptée, c'est qu'elle peut donc parvenir directement au Créateur. Cette petite histoire, parmi tant d'autres, contribue à donner au kaddish un statut à part, celui d'une prière presque magique.

D'autres légendes talmudiques lui prêtent d'étranges pouvoirs et affirment qu'elle constitue la plus puissante des liturgies ascensionnelles. Réciter le kaddish à la mémoire d'un disparu contribuerait à l'élévation rapide de son âme, propulsée vers les hauteurs sublimes de sa réunification avec son Créateur.

Il est aussi une autre explication, plus prosaïque, à l'araméen de cette prière. À l'époque des rabbins du Talmud, cette langue était comprise de tous ou presque, et il fallait que la prière des endeuillés soit à la portée de chacun, qu'elle constitue une liturgie participative et démocratique, les mots du deuil que personne ne pourrait confisquer.

Le judaïsme ne connaît aucun clergé, et tout ce qu'un rabbin accomplit peut en principe être réalisé et énoncé par n'importe qui d'autre. Le rabbin n'est qu'une personne dont la communauté reconnaît l'érudition et qu'elle se choisit comme guide, mais en aucune manière, il ou elle n'est un intermédiaire entre Dieu et les hommes.

N'importe qui doit pouvoir réciter le kaddish… sauf… selon quelques-uns.

Au sein du monde juif orthodoxe, certains considèrent que la récitation de cette prière est une prérogative exclusivement masculine et qu'une femme ne peut ni ne doit l'énoncer. Les plus conservateurs persistent à y voir une transgression majeure, l'usurpation par la femme d'une place qui ne devrait pas être la sienne.

Ce jour-là, après avoir récité le kaddish à la demande de la famille Veil et aux côtés du Grand Rabbin de France, j'ai découvert qu'un grand site de presse juif de sensibilité orthodoxe publiait en une sous le titre « INTOX » une information de la plus haute importance : « Non, contrairement à ce que les journaux nationaux ont écrit, la "rabbin" Horvilleur n'avait pas récité le kaddish. » Il était urgent, semble-t-il, de mettre mon titre entre guillemets et de faire taire, pour la postérité, à la fois la légitimité de ma fonction et l'idée qu'une telle transgression ait bel et bien eu lieu. Ne surtout pas créer de précédent.

L'anecdote aurait prêté à sourire si elle n'avait eu lieu le jour de l'inhumation d'une femme au combat si célèbre. Éclipser la voix féminine sur la tombe de Simone Veil offrait la démonstration magistrale de l'actualité de ses combats.

Si d'outre-tombe elle avait voulu nous envoyer ce message, s'y serait-elle prise autrement ? Simone Veil savait que le combat pour les droits des femmes est infini et que rien n'y est jamais acquis. En bien des occasions, elle a démontré que, pour le mener, il fallait savoir renverser des « cruches » sur la tête de ses détracteurs, pour ne pas être prise pour l'une d'elles.

Jusqu'au bord de sa tombe, elle a « partagé avec

nous une conviction de femme » et même au-delà de sa vie, en faisant résonner au cimetière un kaddish où chacun pouvait avoir sa place. Une prière à l'image de ce que furent ses luttes.

Il me semble qu'aujourd'hui encore, dans ces assemblées qui furent longtemps – et pour certaines demeurent – exclusivement masculines, celles du monde politique, du monde religieux et de tous ces no-woman's lands, Simone Veil nous invite à nous aventurer, sans rien renier. Sur mon chemin vers le rabbinat, sa voix a résonné. Elle continue chaque fois qu'est mise en doute la possibilité ou la légitimité pour une femme de se tenir là où elle se tient.

Un an plus tard, Marceline était devant le Panthéon pour y voir entrer sa copine. À une fille de Birkenau, la Patrie pouvait être reconnaissante. C'était juste avant qu'elle ne tire, à son tour, une révérence dans un style inimitable, un tour de passe-passe éblouissant, digne des plus talentueux prestidigitateurs. Du grand Marceline !

Le magicien éblouit les spectateurs d'une illusion presque parfaite quand il fait apparaître ou disparaître un objet. Abracadabra… Ce mot, comme une convention, est connu de tous, même si la plupart des gens ignorent qu'il est un terme araméen.

Dans cette langue, « Abracadabra » signifie littéralement *abra* « il a fait » *cadabra* « comme il a dit ».

« Faire comme on a dit » est le propre de la parole performative. Le verbe crée une réalité qui ne lui préexistait pas. Par un mot, le monde change.

Le judaïsme en a une conscience aiguë, comme en témoignent ses rites en bien des circonstances. Tout particulièrement à une date qui le rappelle solennellement, et évoque la puissance de la parole, sa capacité à changer le monde, à faire vivre et à faire mourir.

Ce jour-là, presque par magie, les juifs se réunissent en masse dans les synagogues pour se raconter cette histoire. Même ceux qui ne fréquentent jamais de lieux de prière, ceux qui n'iraient jamais à la synagogue le reste de l'année, se donnent rendez-vous pour être ce qu'on appelle parfois un peu péjorativement des « juifs de kippour ». Ils prononcent alors en araméen les mots de la plus célèbre prière juive de la journée de grand pardon. Un abracadabra à nul autre pareil, qu'on appelle le Kol Nidré.

« Kol nidre, vessarei, veh'arame, vekouname… »

Le rituel est toujours le même. Un tribunal se réunit symboliquement à la tombée de la nuit et chacun est convoqué pour y reconnaître ses fautes et tenter d'obtenir un pardon. La mélodie est poignante et le texte invite chaque juif à reconnaître combien ses paroles ont été vaines, et ses promesses futiles. Un procès public s'ouvre et tous plaident coupables.

Le 18 septembre 2018, au soir de Yom Kippour,

tandis que les mots du Kol Nidré résonnaient dans toutes les synagogues, et que des milliers de gens s'y présentaient, Marceline a choisi de faire un pied de nez à la convocation judiciaire. Et dans une chambre d'hôpital, où ses amis lui faisaient écouter à distance les premières notes de l'entrée au tribunal, elle a dit à sa manière : « Allez voir là-bas si j'y suis ! »

Je n'étais pas à ses côtés ce soir-là, car je chantais ces mots pour les repris de justice que nous jouions tous à être, mais si je l'avais pu, je lui aurais raconté une dernière fois cette histoire qui nous faisait tant rire :

Un jour de Yom Kippour, le rabbin se rend compte que dans le fond de la synagogue, un homme seul s'agite et semble se disputer avec quelqu'un. Le rabbin s'approche de lui et lui dit :

— Mais enfin, à qui parles-tu ?

Et l'homme répond :

— J'étais en conversation avec l'Éternel. Je lui ai dit : je veux bien demander pardon pour ce que j'ai fait, mais franchement je n'ai rien fait de si terrible. Par contre, toi, Dieu. Regarde ce monde, la souffrance, la douleur, les catastrophes qui s'abattent sur nous. Toi, Dieu, c'est à toi de nous demander pardon !

Alors le rabbin demande :

— Mais comment s'est finie votre conversation ?

Et l'homme dit :

— C'est simple, j'ai dit à Dieu : « Je te pardonne, tu me pardonnes et on est quittes ! »

Et c'est alors que le rabbin s'emporte violemment et lui dit :

— Mais enfin, espèce d'idiot, pourquoi as-tu laissé Dieu s'en tirer à si bon compte ?

Comme le rabbin de cette histoire, Marceline savait parfaitement que, dans la tradition juive, une place immense est laissée au culot, à ce que l'hébreu appelle la *H'outspa*. L'homme, même au jour de son jugement, peut demander des comptes au Juge. Ne pas laisser Dieu s'en tirer à si bon compte, mais lui tenir rigueur de son manque de compassion. Et même au soir de Kippour, dans l'aveu des hommes qui prient pour qu'un sursis de vie leur soit accordé, un autre procès peut se tenir, et convoquer le divin en personne à la barre des accusés.

Je sais que cette mise en cause de Dieu est contraire à bien des théologies traditionnelles. Certains la jugeront blasphématoire. Elle leur semblera aux antipodes de l'idée d'un Dieu empli d'amour dont les voies, forcément bienveillantes, nous seraient impénétrables. Mais ce toupet a une place légitime dans la tradition juive, aux côtés de bien d'autres voix. De nombreux textes et récits convoquent cette audace, et vont jusqu'à engager la responsabilité divine dans ses manquements face à une humanité qui peut à bon droit se retourner contre Lui pour non-respect des termes d'un contrat, non-assistance à peuple en danger, ou complicité d'assassinat.

La « fille de Birkenau » le savait bien, elle qui avait tant de raisons de lui demander des comptes. Quel meilleur moment qu'un soir de Kippour pour décider d'aller Lui dire deux mots en face, retourner la convocation et citer Dieu à comparaître ? En imaginant Marceline, devant la cour céleste au jour de son Jugement dernier, il m'a semblé que Dieu risquait effectivement de ne pas s'en tirer à si bon compte.

Au tribunal céleste dans l'au-delà, se retrouvaient dorénavant deux procureures : l'une plaidant la cause des femmes, et l'autre en porte-voix d'une humanité assassinée.

Certains diront que ni Simone ni Marceline ne croyaient en cet au-delà, et qu'à cette éventualité elles auraient toutes deux haussé les épaules (ou allumé un joint, c'est selon). Je n'en sais rien. Pour ce qui est de Marceline et de son athéisme convaincu, j'ai eu quelques raisons d'en douter.

Quelques mois avant sa mort, elle avait été hospitalisée, suite à un malaise.

Après un long séjour dans le coma, et contrairement à tous les pronostics médicaux, elle était de retour parmi nous. Je lui ai rendu visite, accompagnée d'une amie commune, Audrey. Je ne m'attendais pas à ce qu'elle nous parle d'une façon aussi littérale de son retour à la vie, de la manière dont la mort n'avait pas voulu d'elle.

Nous nous sommes assises sur son lit et avons parlé de mille choses, en maudissant le bon sens et ses lois, qui interdisent d'allumer une cigarette dans une chambre d'hôpital. Comme toujours, nous avons ri, et puis elle nous a dit qu'elle voulait nous donner « en exclu » les détails de son récent voyage, avant d'ajouter que ce serait sûrement le sujet de son prochain livre : « Figurez-vous que dans le coma, je les ai vus ! Ils sont venus me chercher pour m'emmener rejoindre le pays des planches. »

Face à nos regards dubitatifs, elle a ajouté : « Simone était là, elle aussi, avec eux, et c'est elle qui m'a finalement raccompagnée ici, en me disant que le moment n'était pas encore venu. »

C'est donc à Simone que nous devions son retour. Mais qui étaient-« ils », ceux qui l'avaient accompagnée, et à quoi ressemblait donc ce « pays des planches » où l'on voulait la conduire ?

J'ai pensé à tous ces récits de la mystique juive qui racontent qu'au jour de la mort, quelqu'un vient nous chercher. Des proches surgiraient pour nous guider vers un ailleurs, des « anges » ou des êtres aimés qui accompagneraient notre sortie de ce monde. Le judaïsme n'est pas la seule tradition où ces récits circulent.

Présence réelle ou hallucinée, phénomène paranormal ou effet d'une hypoxie cérébrale, qu'importe. Marceline savait qu'elle n'était pas seule, dans ce coma qui l'avait presque emportée. Et dans son escorte céleste, se tenait bien sûr l'autre fille de Birkenau, venue lui faire une brève visite avant de la raccompagner là, parce que son heure n'était pas arrivée.

À nouveau, la mort n'avait pas voulu de Marceline.

Dans la tradition juive, et plus particulièrement dans la Bible, on raconte que de très rares êtres peuvent échapper à la mort, comme s'ils disposaient d'une étrange immunité.

Parmi ceux-là, il est un célèbre prophète, nommé Élie, qui disparaît dans un tourbillon de feu. La Thora ne fait aucune référence à sa mort, mais seulement à cette envolée mystérieuse, les commentateurs en concluent donc qu'il est parti sans mourir, miraculeusement.

Voilà pourquoi, selon la légende, il reviendrait si souvent nous rendre visite, capable de resurgir dans un monde qu'il n'a jamais vraiment quitté. On l'accueille chaque soir de Pessah', dans toutes les familles où l'on commémore la sortie d'Égypte. On ouvre la porte à son intention, et on prend soin d'emplir sa coupe de vin sur la table, comme on placerait un verre pour un visiteur attendu. On raconte aussi qu'il se rend à chaque circoncision de bébé, à chaque génération, à travers l'histoire. Il serait invité à être témoin du renouvellement de l'Alliance, de l'arrivée d'un être qui, contrairement à lui, devra un jour mourir, mais pourra, avant cela, vivre.

Partout où il surgit, Élie observe la façon dont malgré tout, et surtout malgré la mort qui a tant rôdé autour d'eux, les juifs continuent de choisir la vie. Il vient en témoigner, depuis le siège d'honneur qu'on lui réserve, et où qu'il s'installe, il devient le premier spectateur d'une transmission sacrée.

Le jour de ma visite à Marceline, à l'hôpital, il m'a semblé qu'elle était l'héritière de ce prophète, immunisée comme lui contre la mort, et chargée d'une même mission : être à jamais présente à nos côtés, témoin de tous les *LeH'ayim* de l'Histoire.

J'ai eu le sentiment qu'elle détenait le pouvoir éternel d'échapper au morbide, et qu'elle parviendrait à ne jamais rejoindre ce qu'elle avait si étrangement nommé le « monde des planches ».

À quelles planches associait-elle la mort ? Parlait-elle de celles en bois qui ont construit les cercueils de tant de ses amis ? Évoquait-elle les coyas d'Auschwitz, ces lits ignobles que la mort visitait chaque nuit ?

Marceline avait prévu de l'expliquer dans son prochain livre. Elle nous l'avait promis. Mais en partant « plaider ailleurs », elle nous laisse avec ce mystère, en nous soufflant sans doute comme elle le faisait si souvent : « Oh, et puis démerdez-vous ! »

En écrivant cet hommage à Marceline, en tentant de me « démerder » avec son départ, je me sens, moi aussi, accompagnée.

De mille manières, elle m'escorte, et je sais que beaucoup d'autres ont ce sentiment. Il m'est arrivé très souvent ces dernières années de croiser des gens, surtout des femmes, qui m'ont confié combien leur conversation avec Marceline était loin d'être terminée. Je ne connais personne capable de dialoguer avec autant de personnes post-mortem.

Juste avant d'écrire ces pages, j'ai appelé Audrey pour lui demander si, comme moi, elle repensait parfois à notre visite à Marceline, à l'hôpital. Elle non plus n'avait rien oublié de notre étrange conversation. Après avoir raccroché, elle m'a envoyé une interview de Marceline retrouvée par hasard dans un magazine féminin : *« Dans le camp où pour survivre c'est chacun pour soi, il y a eu des moments de solidarité très puissants. Comme ce jour où j'ai eu une fièvre terrible. Près du lieu où on creusait des tranchées, mes copines m'ont cachée dans un trou recouvert d'une planche et j'ai pu m'y reposer*[1]*.* »

Marceline fut un jour cachée sous terre pour rester en vie, quand sur la terre, la mort la cherchait. De l'autre côté d'une planche, c'est-à-dire au-dessus d'une tombe qui allait la sauver, un groupe de femmes veillait. Ce jour-là, grâce à elles, Marceline a pu ressusciter et s'est peut-être promis de se tenir longtemps à distance du monde des planches et de ses terreurs.

1. « Simone Veil ma jumelle contradictoire », *Marie-Claire*, mai 2018.

Elle est restée vivante, grâce à ces femmes qui l'ont sauvée. Et à son tour, elle en a sauvé d'autres. À chacune d'elles, elle a dit de vivre et d'aimer.

Nous en étions toutes conscientes quand, ce 21 septembre 2018, au cimetière du Montparnasse, nous l'avons mise en terre pour qu'elle puisse à tout jamais s'y reposer.

LE FRÈRE D'ISAAC

« Tomber dans la question »

Ils lui ont dit : « Le rabbin est là, et elle aimerait te parler. Tu pourras lui poser toutes les questions que tu veux et elle te répondra. »

Moi, je savais bien que ce n'était pas vrai, et qu'aux véritables interrogations qu'il oserait peut-être formuler, je n'aurais aucune réponse valable à offrir.

Qui peut apporter des réponses à ces questions d'enfant qu'aucun adulte ne s'autorise à énoncer ainsi : Pourquoi son petit frère était mort ? Pourquoi ça lui était arrivé, à lui ? Et quand est-ce que sa maman allait arrêter de pleurer ?

L'enterrement devait avoir lieu le lendemain, je savais qu'il était urgent de lui dire ce qu'on allait y faire, de lui parler avant qu'il ne se retrouve face à une petite boîte dans laquelle, il devrait nous croire « sur parole », était allongé Isaac. Mais que vaut notre parole, celle d'adultes qui si souvent disent « on sera là pour te protéger » et « compte sur nous, rien ne peut t'arriver » ?

Ses parents n'étaient pas sûrs de l'emmener à la cérémonie, considérant que ce n'était pas sa place. Peut-être valait-il mieux le laisser à la maison, le tenir éloigné du cimetière. Mais lui, du haut de ses huit ans, était bien déterminé à s'y rendre.

Le frère d'Isaac n'avait pas pleuré. Et quand je suis entrée dans le salon où il regardait la télé, ses yeux n'ont pas cligné. Il m'a à peine regardée. Il semblait extrêmement concentré, et il a juste acquiescé quand je lui ai demandé si je pouvais m'installer à ses côtés.

Le dessin animé s'appelait *Lego City*, tout un monde de petites pièces emboîtées les unes aux autres s'agitait à l'écran, version animée de ces figurines avec lesquelles nous avons tous joué dans l'enfance. Carrés et rectangles qui s'accrochent et se décrochent, qui créent des formes aux angles nets, qui peuvent changer de tête ou de corps au gré de nos envies, et nous aident à raconter des histoires.

La leur, d'histoire, s'était violemment interrompue la veille, et autour d'eux, le monde s'était effondré.

Pas juste leur monde, celui de leur famille ou de leurs proches, mais le monde entier. La mort d'un enfant provoque cela, l'effondrement du monde pour chacun d'entre nous, la conscience collective d'un chaos indicible dans lequel plonge l'humanité, sous les traits de parents dont l'avenir est, en un instant, devenu le passé.

Le petit Isaac avait cessé de respirer. Et tout ce qu'on pouvait en dire ne saurait commencer à décrire l'apocalypse à laquelle ils avaient assisté. Lentement leur appartement s'emplissait de familles, de proches, d'amis qui cherchaient leurs mots.

Je dis toujours aux endeuillés, quel que soit l'être cher qu'ils perdent, qu'ils vont devoir, en plus de leur douleur, se préparer à vivre un étrange phénomène : la vacuité des mots et la maladresse de ceux qui les prononcent. Ceux qui vous rendent visite dans le deuil, ou tentent de vous y accompagner, vous disent souvent des bêtises et parfois même des horreurs, en pensant vous apaiser ou vous soulager. Des « les meilleurs partent les premiers » ou des « au moins, il ne souffrira plus », des « vous serez à la hauteur de cette épreuve qui vous est envoyée », en passant par d'autres tentatives de greffer du sens à l'insensé. Les endeuillés doivent s'y préparer.

Parfois, comble du paradoxe, ceux qui leur rendent visite sont si dévastés par le malheur qui ne les a pas eux-mêmes frappés, qu'ils finissent par être consolés par les endeuillés qui se surprennent à chercher les mots qui pourront calmer des étrangers. Et les voilà qui tendent des mouchoirs pour essuyer les larmes de ceux venus les soutenir, dont ils s'improvisent les consolateurs. Ainsi, tragiquement, s'inversent les rôles que la réalité ne permettra pas d'échanger.

Ces maladresses pleines de bonnes intentions, que le monde sert à ceux dont la mort a frappé un proche, se multiplient lorsque ce mort est un enfant. Car alors, chaque personne qui adresse une parole doit non seulement gérer son propre inconfort face à la finitude, mais aussi se confronter à la plus grande des terreurs humaines, la perte d'un enfant.

Les parents qui ont connu ce drame le racontent tous : à l'instant où la nouvelle arrive, ils perçoivent que la terre non seulement se dérobe sous leurs pieds, mais que le séisme les expulse à tout jamais hors d'un territoire qui les abritait et dans lequel ils n'auront plus jamais leur place. Les voilà confinés sur une île, coupés pour toujours de la terre de ceux que cette tragédie a épargnés. Ce deuil vous dit que vous habitez dorénavant hors du monde, hors du temps, dans un lieu duquel on ne revient pas. La mort d'un enfant vous condamne à l'exil sur une terre que personne ne peut visiter, à part ceux à qui il est arrivé la même chose.

Et comme tout immigré, il vous faut découvrir une nouvelle langue, dans laquelle vous balbutiez. Aucun des mots que vous connaissiez ne peut commencer à décrire ce qu'il va vous falloir vivre.

En français, comme dans la plupart des langues, il n'existe aucun mot pour désigner celle ou celui qui perd un enfant. Perdre un parent fait de vous un orphelin, et perdre un conjoint fait de vous un veuf. Mais qu'est-on lorsqu'un enfant disparaît ? C'est comme si en évitant de la nommer, la langue croyait en écarter l'expérience, comme si par superstition, on s'assurait de ne pas en parler pour ne pas risquer de la provoquer.

En hébreu, en revanche, ce mot existe. Un parent qui perd un enfant est appelé *Shakoul*, un terme presque impossible à traduire. Il est emprunté au registre végétal et signifie la branche de la vigne dont on a vendangé le fruit. Un parent endeuillé est raconté en hébreu par une image, celle d'une branche amputée de ses grains, ou d'une grappe dont on a arraché le fruit. La sève coule en elle mais n'a plus où aller, et le bourgeon s'assèche car un bout de sa vie l'a quitté.

Les parents d'Isaac ne savaient pas comment parler à leur fils, et j'ai proposé de lui dire dans un langage à sa portée que les mots allaient à tous nous manquer.

J'ai rejoint l'enfant pour écouter ses questions, qui restaient suspendues à son regard refugié dans *Lego City*.

En regardant ce monde animé, à ses côtés, je me suis demandé pourquoi cet univers des Lego exerçait de génération en génération une telle fascination, et il m'a semblé que ces figurines énonçaient finalement les promesses que la vie ne peut jamais tenir : la possibilité de s'accrocher ou se décrocher sans douleur et quand on l'a décidé, arracher sans rien abîmer, sans laisser trace des attachements ni des cassures.

Au moment du générique, j'ai éteint la télé, et lui ai

demandé s'il voulait jouer ou parler. C'est là qu'il m'a posé la question qu'il semblait avoir bien préparée :

« J'ai besoin de savoir où est allé Isaac. Parce que je ne sais pas où regarder pour le chercher. »

J'ai essayé de comprendre ce qu'il entendait par chercher. Dans quelle direction ses yeux envisageaient-ils d'aller pour le retrouver ? Il m'a semblé que, comme le Petit Prince qui s'adresse à l'aviateur, il tentait d'évaluer ma capacité d'adulte à lui dessiner sa douleur.

Et c'est là qu'il m'a formulé autrement sa question.

« J'ai besoin de savoir où Isaac est allé. Papa et maman ne savent pas me le dire. Ils n'arrivent pas à se décider. Ils me disent que demain on va l'enterrer, et ils me disent aussi qu'il est allé au ciel. Alors je ne comprends pas : est-ce qu'il va être dans la terre ou bien au ciel ? Moi, j'ai besoin de savoir où je dois regarder pour le chercher. »

Personne ne sait parler de la mort, et c'est peut-être la définition la plus exacte que l'on puisse en donner. Elle échappe aux mots, car elle signe précisément la fin de la parole. Celle de celui qui part, mais aussi celle de ceux qui lui survivent et qui, dans leur sidération, feront toujours de la langue un mauvais usage. Car les mots dans le deuil ont cessé de signifier. Ils ne servent souvent qu'à dire combien plus rien n'a de sens.

Alors on dit « il est parti », « il est au ciel » ou « il

se multiplient lorsque ce mort est un enfant. Car alors, chaque personne qui adresse une parole doit non seulement gérer son propre inconfort face à la finitude, mais aussi se confronter à la plus grande des terreurs humaines, la perte d'un enfant.

Les parents qui ont connu ce drame le racontent tous : à l'instant où la nouvelle arrive, ils perçoivent que la terre non seulement se dérobe sous leurs pieds, mais que le séisme les expulse à tout jamais hors d'un territoire qui les abritait et dans lequel ils n'auront plus jamais leur place. Les voilà confinés sur une île, coupés pour toujours de la terre de ceux que cette tragédie a épargnés. Ce deuil vous dit que vous habitez dorénavant hors du monde, hors du temps, dans un lieu duquel on ne revient pas. La mort d'un enfant vous condamne à l'exil sur une terre que personne ne peut visiter, à part ceux à qui il est arrivé la même chose.

Et comme tout immigré, il vous faut découvrir une nouvelle langue, dans laquelle vous balbutiez. Aucun des mots que vous connaissiez ne peut commencer à décrire ce qu'il va vous falloir vivre.

En français, comme dans la plupart des langues, il n'existe aucun mot pour désigner celle ou celui qui perd un enfant. Perdre un parent fait de vous un orphelin, et perdre un conjoint fait de vous un veuf. Mais qu'est-on lorsqu'un enfant disparaît ? C'est comme si en évitant de la nommer, la langue croyait en écarter l'expérience, comme si par superstition, on

« placée au pied du trône céleste » ou « à la droite de Dieu », « dans le royaume des bienheureux » ou « le paradis des martyrs »... J'envie ce langage du dogme infaillible et des croyances sanctuarisées.

Moi, rabbin, je suis forcée d'admettre que ma tradition n'offre pas ce trésor de réponses eschatologiques dans lequel je pourrais puiser. Le judaïsme n'apporte pas de réponse ferme sur l'après-vie à ceux qui s'en inquiètent. Je ne compte pas le nombre de fois où, dans une conversation sur la mort qui approche, mon interlocuteur me demande : « Où vais-je aller ? » et d'entendre en moi cette voix, qui voudrait lui répondre : « Aucune idée ! »

À la place, je lui renvoie une question digne de la plus ancienne sagesse rabbinique – cet art ancestral de toujours répondre à une question par une autre question : « Et vous ? qu'en pensez-vous ? »

Formulée autrement, la question de mon interlocuteur est parfois plus théorique : « Que dit au fond le judaïsme de la vie après la mort ? » Et tandis que j'aimerais lui dire : « Tout... et son contraire », je me contente souvent d'un : « Vous savez, c'est complexe », tentant de résumer ce langage d'ambiguïté pour lequel le judaïsme a opté.

Voilà ce qu'il en est.

La Thora ne parle pas de vie après la mort. Les personnages, un à un, meurent, et pour certains, à un âge très avancé. De Noé à Mathusalem en passant par tous les patriarches et leurs familles, au jour de leur mort, il est simplement dit d'eux qu'ils « rejoignent les leurs [1] » ou « dorment avec leurs pères [2] ». Leur disparition les inscrit simplement dans la lignée de ceux qui les ont précédés, et ils quittent le monde dorénavant habité par ceux auxquels ils ont donné naissance.

L'histoire biblique est un récit de vies et d'engendrements. D'ailleurs le mot « histoire » en hébreu, *toledot*, se dit « engendrement ». Votre vie se raconte avant tout par ce que vous avez fait naître.

La Thora n'évoque pas le retour des disparus, ni le chemin qui les attend après cette vie, elle ne parle pas de leurs fantômes ou de leur résurrection, de paradis ou d'enfer. Elle semble se méfier de tout intérêt excessif qu'on pourrait porter à l'au-delà. Elle interdit d'avoir recours à des arts divinatoires ou au spiritisme. Elle s'oppose à tout ce qu'elle nomme « les pratiques de l'Égypte », la terre que les Hébreux ont quittée, comme la nécromancie ou l'embaumement. Pas question de construire des pyramides ou de luxueuses nécropoles. Le plus grand homme de la Thora, Moïse, ne dispose d'ailleurs d'aucune sépulture connue, et nul ne sait où il fut enterré. Impossible donc de venir se recueillir sur sa tombe, la fleurir ou y faire un pèlerinage.

Où vont les morts ? Le seul lieu auquel la Thora fait explicitement référence est un endroit nommé

---

1. Voir Genèse 35:29 ou Genèse 49:33.
2. Voir I Rois 2:10.

shéol où descendraient les disparus[1]. S'agit-il d'un territoire ou d'un monde souterrain ? Le texte n'en dit rien. Mais l'étymologie du terme est éloquente. Shéol vient d'une racine qui signifie littéralement « la question ». On pourrait donc l'énoncer ainsi : après notre mort, chacun de nous tombe dans la question, et laisse les autres sans réponse. Débrouillez-vous avec cela.

Il faudra attendre bien plus tard dans l'histoire, les livres des prophètes, la littérature des premiers siècles avant notre ère, puis l'interprétation des rabbins du Talmud pour qu'émergent dans différents contextes divers discours sur l'après-vie.

Là où la Thora suggère que la mort est définitive, d'autres textes commencent plus tard à embrasser l'idée d'une résurrection, en utilisant des extraits de la Bible dont ils extrapolent la lecture.

C'est le cas d'un célèbre extrait, où un prophète nommé Ézéchiel évoque la possibilité d'une résurrection collective[2]. Il imagine un Dieu ouvrant les tombes pour replacer de la chair sur les os desséchés des cadavres et les ramener à la vie : « Et je vous relèverai du tombeau, ô mon peuple, pour vous emmener vers la terre d'Israël. »

Ézéchiel énonce cette prophétie dans un contexte historique particulier, au VIe siècle avant notre ère, après la destruction du premier Temple de Jérusalem.

1. Voir Genèse 37:35, « Je descends au shéol endeuillé ».
2. Voir Ézéchiel 37.

Les Hébreux sont alors exilés à Babylone et rêvent de revenir à Sion, pour connaître une résurrection nationale. Cette métaphore du retour à la vie des os desséchés est ici une allégorie politique. Mais interprété hors de ce contexte historique, ce récit va devenir le support d'une autre théologie, la promesse éternelle d'une résurrection des morts. Et pour les commentateurs, ainsi s'énonce une rédemption à venir. À venir quand ? Juste après la mort ? À la venue de l'ère messianique ? Là-dessus, les avis divergent.

Selon le contexte historique, l'environnement culturel et l'influence extérieure, la pensée juive va lentement enrichir sa palette eschatologique et son interprétation de l'après-vie pour y greffer des éléments de résurrection, ou même de réincarnation, dont la Thora ne semblait pas disposer.

Les traces de l'Histoire et de l'influence étrangère sur la pensée juive sont nombreuses, notamment celles laissées par le monde hellénique. La philosophie platonicienne introduit l'idée d'une division entre le corps et l'âme.

Dans la Thora, cette notion dualiste est totalement absente. L'homme est créé dans la Genèse comme un morceau de terre dans lequel Dieu souffle pour y placer la vie. L'existence est définie par cette jonction entre la matière terrestre et le souffle divin. Lorsque ce dernier s'évapore, la poussière redevient simplement poussière.

Pas si vite, disent les sages à l'époque romaine.

Autour d'eux, se développe une pensée dualiste qui fait de l'âme une entité complète, capable d'exister de façon autonome. Les rabbins vont alors développer un discours qui emprunte des éléments à cette philosophie hellénique. Et affirmer soudain que le corps retourne à la poussière mais que l'âme retourne à Dieu qui l'avait créée [1]. Cette phrase est jusqu'à aujourd'hui énoncée à chaque enterrement juif.

Un peu plus tard, au moment de la destruction du deuxième Temple, s'affrontent au sein même du monde juif plusieurs théories eschatologiques aux antipodes les unes des autres. Chaque secte juive développe sa propre vision de l'après-vie. Certains, comme les sadducéens, considèrent qu'il n'y a rien après la mort, aucune résurrection possible. Mais leurs opposants, les pharisiens, croient précisément l'inverse, et ce sont eux qui finiront par emporter la bataille idéologique. Leur influence devient dominante et leur croyance finit par s'imposer dans le Talmud, donnant naissance à bien des convictions aujourd'hui relativement normatives, sur l'immortalité de l'âme et la résurrection des morts au moment de la venue du Messie.

Faut-il dispenser aux endeuillés un cours d'histoire ? Non, bien entendu. Mais rien n'interdit de leur faire tout de même entendre les voix qui parlent en polyphonie au sein de la tradition juive.

Ces voix divergentes racontent les sédimentations

---

1. Voir Ecclésiaste 12:7.

de notre histoire. Le poète Yehuda Amihai a un jour affirmé que le peuple juif n'était défini ni par sa géographie, ni par sa génétique, mais par une géologie : « Des failles, des effondrements, des couches sédimentaires et de la lave incandescente. »

Notre identité est faite de couches superposées, des strates de terres que nous avons foulées, des éléments de cultures que nous avons croisées et des croyances qui ont influencé nos rites et nos langages. Elles sont toutes les reflets de nos histoires, de combats internes que nous avons menés, et d'influences extérieures que nous avons subies. Tout cela coexiste et laisse des traces dans les rites, les prières et les esprits.

Elles se laissent saisir par qui veut bien tendre l'oreille. À chaque enterrement juif, juste avant de lire le kaddish, on accompagne le disparu jusqu'à sa tombe en chantant un poème liturgique nommé « *el male rah'amim* ».

Au cœur de ce texte poignant, dialoguent des voix et des histoires contraires, des images inconciliables mais qui forment ensemble une prière ancestrale.

On y prie ainsi pour que Dieu offre « en ce lieu » un repos à nos disparus, et dans un même souffle, pour qu'ils partent reposer au jardin d'Éden. Leur âme « rejoint les hauteurs sublimes du firmament » mais simultanément reste ici-bas, « accrochée aux vies » de ceux qui leur survivent.

Ainsi, les juifs au cimetière disent dans une seule et même prière : les morts sont sous terre et ils sont au ciel, ils sont ici et ailleurs, leur âme immortelle s'unit au divin, mais les disparus n'existent plus que dans nos souvenirs.

C'est exactement ce qu'à leur manière, et sans le savoir, les parents d'Isaac ont murmuré à leur fils. Et c'est là où la question du frère d'Isaac doit emmener l'adulte qui tente désespérément de lui répondre.

Pour chercher nos morts, il faut être capable de regarder simultanément dans toutes ces directions, sous terre comme au ciel, à la fin de l'histoire comme à son tout début.

Ainsi s'explique l'incapacité juive à définir une croyance et une seule, un langage et un seul, pour évoquer l'après-vie.

Pour le judaïsme, l'impossibilité de la dire est ce qui raconte la mort. Elle est un au-delà du mot, qui exige pour en parler de n'utiliser que la langue de l'inconciliable : accepter qu'elle soit ceci et cela à la fois, qu'elle habite un monde où les mots n'ont pas leur place.

Lorsque j'entre dans la maison d'un endeuillé pour me tenir à ses côtés dans cette traversée impossible, je sais que j'ai quelques secondes ou quelques minutes pour trouver la langue dans laquelle je vais devoir lui parler, qui sera forcément maladroite et imparfaite, mais qui lui permettra peut-être de percevoir le «*shéol*» de son être aimé, c'est-à-dire la question vers laquelle cette disparition le pousse.

« J'ai besoin de savoir où Isaac est allé : est-ce qu'il va être dans la terre ou alors au ciel ? Moi j'ai besoin de savoir où je dois regarder pour le chercher. »

Plutôt que de répondre à la question d'un enfant endeuillé, il m'a semblé que je devais lui raconter une histoire. J'ai demandé au frère d'Isaac s'il connaissait l'histoire d'Isaac dans la Bible, s'il savait qui était cet enfant et ce qui lui était arrivé. Isaac, l'enfant d'Abraham et de Sarah, vécut un drame à nul autre pareil. Il fut mené par son père tout en haut d'une montagne, où il fut ligoté et presque tué.

Ce jour-là, raconte la légende, il vit ce qu'aucun fils n'avait vu avant lui, la mort en face qui avait levé un couteau au-dessus de sa tête et s'apprêtait à le sacrifier. Miraculeusement, il fut sauvé et put redescendre de la montagne. Vivant, mais pas indemne.

Bien plus tard, Isaac est devenu un homme et la Thora raconte qu'il garda toujours une trace de ce qui lui était arrivé. Un signe sur son corps qui témoignait de ce qu'il avait vécu.

Isaac est devenu aveugle. Son regard s'est obscurci, non pas de vieillesse ou de maladie, mais, selon les sages, parce que ses yeux avaient vu quelque chose qu'il ne pourrait jamais raconter, et sa vision en fut à jamais marquée. Nul ne peut voir la mort en face sans en garder des traces dans les yeux.

Dans la Bible, Isaac n'était pas fils unique. Il avait un frère aîné, un garçon dénommé Ismaël, dont le nom dit littéralement, « *isma-el* », que Dieu l'écoute.

Et voilà comment, dans cette famille, dans la maison d'Abraham, devaient grandir ses deux fils, deux frères, l'un qui ne pouvait plus voir et l'autre qui savait se faire écouter.

Je dis « devaient grandir » car malheureusement dans ce récit, les deux enfants furent à jamais séparés et ils passèrent l'un à côté de l'autre, loin de la relation fraternelle qui aurait pu être la leur. La jalousie et les non-dits créèrent entre eux des rivalités et des haines qui jusqu'à aujourd'hui poursuivent leurs enfants, qui ne parviennent ni à se voir, ni à s'entendre, et encore moins à vivre sur la même terre. Du moins, le croient-ils.

La Bible raconte qu'ils ne se retrouvèrent qu'en une seule occasion, en un seul lieu, et ce fut au cimetière, le jour de l'enterrement de leur père. Et côte à côte, ils creusèrent une tombe pour accompagner celui qui leur avait donné naissance.

Dans la Bible, Isaac a survécu, amputé d'un frère et de la vue.

Dans la vie, il arrive qu'il meure et qu'aucun miracle ne le sauve.

Mais même l'Isaac qui meurt laisse en ce monde un frère, et pas n'importe lequel, un frère bien décidé à le chercher où qu'il se trouve, sous la terre comme au ciel.

J'aurais voulu répondre autrement à la question du frère d'Isaac, mais je lui devais d'être honnête.

Je devais lui dire que les rabbins n'ont pas plus de réponses que les autres. Parfois, juste un peu plus de questions.

J'ignore où se trouve exactement Isaac. Mais je sais que sa famille, avec un amour éternel, continuera à le chercher, et parlera tous les langages d'une tradition qui garde en vie la question que sa mort pose.

Le lendemain, autour d'eux dans ce cimetière, nous avons creusé une tombe pour qu'un enfant mort rejoigne ses ancêtres, et qu'un autre bien vivant n'oublie jamais qu'il est, et restera, un grand frère.

ARIANE

« Presque moi »

Elle descend les marches d'un grand escalier de pierre, dans l'immeuble où nous venons de dîner ensemble. Elle avance très lentement, et s'appuie sur le bras de l'homme qu'elle aime. Elle ressemble étrangement à ces statues de fertilité sur lesquelles des civilisations entières reposent. Son ventre est énorme, sa démarche hésitante, et je me dis que l'enfant va forcément naître cette nuit.

C'est toujours cette image qui me revient à l'esprit quand je pense à elle.

Je ne sais pas dans quelle mesure ce qui rayonnait d'elle ce soir-là m'a convaincue de l'imiter. Sa fille est née quelques jours plus tard, et la mienne très exactement neuf mois après. La vision de mon amie prête à donner la vie avait sans doute fait naître en moi le désir de cette même attente. Je me suis souvent demandé si je n'avais pas conçu mon enfant cette même soirée, et si son fluide de déesse n'avait pas tout simplement glissé depuis le haut de ces marches jusqu'à mon inconscient, pour m'imbiber de sa fécondité.

Voilà comment nous sommes tombées enceintes, l'une après l'autre. Tombées enceintes… Mais de quelle chute était-il question ? À cette époque, nous volions si haut que rien ni personne n'aurait pu nous faire perdre de la hauteur.

Nous sommes ainsi devenues mères à quelques mois d'écart, et la maternité a resserré un peu plus les liens de notre amitié. Nous nous disions que nos petites filles seraient amies pour toujours, qu'on les regarderait grandir en riant. Que nous leur ferions vite écouter les refrains de comédies musicales que nous aimions, surtout celles de Michel Legrand, que ces mélodies racontaient nos rêves de gamines qu'on était bien déterminées à leur transmettre. Ces enfants seraient presque des sœurs jumelles, n'étant ni l'une ni l'autre nées « sous le signe des gémeaux. Mi fa sol la mi ré, ré mi fa sol sol sol ré do… ».

Ariane était plus jeune que moi de quelques années, mais il m'a souvent semblé que dans la maternité, elle était mon aînée. Tout semblait plus simple pour elle, plus naturel et expérimenté. Elle était de ces mères qui savent organiser et prévoir les besoins et les horaires des nouveau-nés, de celles qui ont toujours sur elle un biscuit, un vêtement de rechange et des lingettes désinfectantes. Elle était experte quand moi je jouais toujours dans une catégorie très amateur. Je ne compte pas le nombre de fois où, devant l'école de mes enfants, j'ai dû me rendre à la douloureuse évidence : j'étais la seule à avoir oublié d'apporter un goûter, la seule à ne pas avoir consulté la météo pour prévoir une tenue de pluie, la seule à ne pas avoir de mouchoirs en papier dans mon sac pour essuyer les larmes ou la morve qui coule.

Ariane était tout le contraire de cela. Jamais prise au dépourvu, comme si tous ces devoirs qui viennent avec la fonction maternelle ne pesaient rien pour elle, mais faisaient partie de ce qu'elle avait toujours été, bien avant la maternité, une femme attentionnée.

À sa manière, elle était pour moi l'image d'Épinal de la mère séfarade. Je me moquais souvent de la façon dont elle incarnait si parfaitement ce cliché. Elle haussait les épaules, et rétorquait que je ferais mieux de mettre un peu en veilleuse mon héritage ashkénaze et ses millénaires de culpabilité névrotique. Malgré les débats un peu caricaturaux de leurs mères, nos demoiselles de Rochefort grandissaient, et soufflèrent leur première, puis leur deuxième bougie à quelques mois d'intervalle.

Un jour, mon téléphone sonne. Je suis seule dans un café en train d'écrire. Au bout du fil, ce n'est pas sa voix mais celle de son mari. Il me dit qu'un examen de routine a montré chez Ariane un « petit quelque chose », qu'il va falloir vérifier, une petite tache à l'IRM cérébral que les médecins peinent à identifier.

Je sens bien qu'il cherche les mots qui permettent de minimiser, ceux qui ne veulent pas inquiéter et souhaitent à tout prix laisser dans la conversation la possibilité d'une légèreté.

Mais, à cette seconde précise, lui et moi le savons, la vie a basculé.

Sa femme et mon amie viennent de déménager, sans avoir bougé d'un centimètre. Elles viennent de s'installer dans un monde parallèle au nôtre, celui où vivent ceux qu'on appelle des patients. Ce monde, dans la sphère médicale, vous fait prendre villégiature dans les salles d'attente. Au cœur de la sphère amicale, il ouvre les portes d'un autre univers : un territoire où dorénavant on va parler beaucoup de vous, et de moins en moins avec vous.

L'annonce d'une maladie ou d'une suspicion de maladie produit invariablement cet effet. Vos proches continuent bien sûr de vous parler, mais ils amorcent généralement à votre insu une autre conversation en votre absence, avec votre mari, votre femme, votre cercle rapproché. Et ils font de votre santé un sujet de conversation qui vous échappe. Vous percevez parfois un chuchotement à votre approche, ou une conversation qui s'arrête quand vous entrez dans une pièce.

Rien de cela n'est malveillant, simplement le premier effet secondaire de l'affect humain le mieux partagé au monde : la peur.

Tout au long des mois qui ont suivi, cette peur

ne nous a plus quittés. La terreur face à ce que, au fil du temps, la médecine dans son impuissance nous annonçait, l'opération impossible et l'évolution implacable, la tentative de ralentir la progression, tout en la sachant inévitable.

Il y eut la peur des mots, la peur de ce que le langage nous obligerait à entendre, la peur de faire de ce « petit-quelque-chose » un objet nommé « tumeur ». Qui a osé un jour placer ce mot sur une douleur, en faisant semblant de ne pas y percevoir ce qu'il hurle à nos oreilles ?

Chacun de nous a beau savoir qu'il va mourir, le fait d'ignorer quand et comment fait toute la différence. L'immensité des possibles nous fait croire qu'on pourrait encore y échapper. Mais soudain, la tumeur dit à son propriétaire : fin du mystère, on lève le voile. Et comme dans une partie de Cluedo qui s'achève, un des joueurs met à nu tous les détails du crime, et interrompt le tour de table d'une déclaration assassine : « J'accuse le cancer, avec ses métastases, dans la chambre d'hôpital. »

Et puis, il y a l'appréhension et la honte de devoir reconnaître qu'on n'a pas seulement peur pour l'autre, mais aussi à l'idée que la même chose pourrait nous arriver. La maladie renvoie chacun à ses frayeurs, et le mal d'Ariane, parce qu'il attaquait son cerveau, activait nos plus terrifiantes angoisses.

Non seulement celle de partir avant les siens, de ne

pas voir grandir ses enfants, mais aussi celle de perdre ses facultés, d'oublier, la peur de changer, la peur de n'être plus celle ou celui que l'on a été.

Lentement, la maladie a changé mon amie, ou plus exactement elle l'a fait être à la fois elle-même et une autre, en alternance ou simultanément.

Lentement pour ses proches, elle est tout à la fois restée la même et devenue différente. Aucun d'entre nous ne pouvait dire si ces changements étaient les symptômes de la maladie ou sa façon de se rebeller contre elle. Une intonation étrange ou une humeur instable, ces « inquiétantes étrangetés » à peine perceptibles, nul ne savait au départ si ces perturbations mineures racontaient la victoire du mal ou la bataille qu'elle lui livrait.

Cette conversation, nous l'avons eue souvent ensemble. Elle me confiait avec angoisse qu'il lui semblait parfois se dédoubler. La maladie créait chez elle cette étrange perception gémellaire. Elle entendait en elle des voix qui se répondaient. L'une disait : je suis celle que tu as toujours été, et l'autre immédiatement s'interposait : n'écoute pas la première, elle te fait croire qu'elle est toi mais elle n'est que la maladie qui parle en toi.

L'affrontement semblait opposer deux morceaux d'elle, comme si deux sœurs jumelles dialoguaient inlassablement. Mi fa sol la mi ré, ré mi fa sol sol sol ré do…

En l'écoutant me décrire cette déchirure, m'est souvent venue à l'esprit l'histoire d'une des héroïnes de la Bible, une femme nommée Rebecca, qui connut un jour et dans des circonstances bien différentes, les douleurs d'un dédoublement.

La Genèse raconte que Rebecca tomba enceinte de jumeaux, mais les choses tournèrent mal, et la grossesse fit pousser en elle des forces contradictoires. « Ses deux fils se battaient en son sein », écrit la Thora. Ses deux enfants à naître, Jacob et Ésaü, incarneraient un jour deux visions du monde que tout oppose, deux univers inconciliables. *In utero*, leur combat avait déjà commencé. Rebecca était déchirée par ces puissances contraires qui s'affrontaient au plus profond d'elle-même.

C'est alors qu'elle eut une idée. Elle fut la toute première à partir chercher l'Éternel en quête de réponse. Avant elle, aucun homme n'avait osé prendre ce chemin et convoquer Dieu pour lui poser une question. Rebecca le fit, et formula alors la plus puissante interrogation existentielle de toute la Thora : « *Lama ze anokh'i*[1] » – pourquoi suis-je ?

C'est ainsi que la plupart des Bibles traduisent ces trois mots, comme la question d'une femme dans la douleur d'une matrice déchirée : à quoi bon vivre ?

1. Genèse 25:22.

Mais l'hébreu, comme souvent, est plus subtil que la traduction qui le fige.

Dans cette langue, la première personne du singulier connaît deux formes possibles. « Je » peut se dire *ani* dans sa forme la plus commune, ou alors *anokh'i*, version plus rare et élaborée. La différence entre ces deux termes tient à une seule lettre dans l'écriture hébraïque. Une seule consonne sépare un « je » simple de sa forme moins usitée. Une seule lettre, un Kh'af, se glisse dans le mot et perturbe subrepticement le signifiant. *Ani* devient *Anokh'i*, par une simple lettre qui se faufile en lui.

La force de ce Kh'af supplémentaire en hébreu est de ne pas être simplement une lettre, mais un terme qui possède un sens. Il signifie « presque » et il suffit de l'ajouter à un mot pour transformer ce dernier en un « pas tout à fait ». Pour le dire autrement, quand Rebecca formule sa question existentielle « *Lama ze anokh'i* », elle ne demande pas juste « Pourquoi suis-je », mais littéralement : « Pourquoi suis-je "presque moi" ? », c'est-à-dire « Pourquoi ce "je" qui questionne n'est-il pas tout à fait moi, mais à la fois moi et une autre que moi ? »

Cette interrogation énoncée dans la Bible par une matriarche enceinte de jumeaux, en proie à une division intérieure, est le modèle de toute schize existentielle, la formulation que pourrait reprendre quiconque a entendu un jour parler en lui des voix contraires. Pourquoi celui que je croyais être parle-t-il soudain d'une voix différente ? Suis-je aussi ce pas-tout-à-fait-moi qui parle en mon nom ?

Dans la bouche d'Ariane, j'ai souvent cru entendre la question de Rebecca. Comme si elle aussi s'était mise en quête, douloureusement, non pas d'un Dieu biblique, mais de chacun d'entre nous, et nous adressait cette même interrogation : Pourquoi vivre quand en soi pousse comme une tumeur la voix d'un presque-soi ?

Pour tous les proches d'Ariane qui ont été à ses côtés tout au long de la maladie, quelque chose en nous s'est fissuré, à l'image de ce qui se fendait en elle dans ce dialogue intérieur. À mesure que les semaines passaient, nous savions que nous allions cesser de faire totalement un avec nous-mêmes, dans l'illusion d'un monde juste ou d'une fin heureuse, et que bientôt nous ne serions plus ce que nous avions cru être, avant que la mort ne s'installe dans notre cercle amical.

J'ai entendu très distinctement le bruit de cette cassure en moi. C'est arrivé un jour, à l'initiative d'Ariane et par la force de ses mots. Je me souviens de cet après-midi de fin d'été, que nous avons passé toutes les deux sur le balcon de son appartement. Nous nous sommes assises sur un tapis vert de faux gazon qu'elle y avait installé, les pieds nus sur une pelouse en plastique qui promettait, elle, de ne jamais mourir.

Ariane m'a demandé solennellement si, pour elle,

je serais capable de me dédoubler, et si j'accepterais à partir de cet instant de ne plus être simplement son amie, mais de devenir aussi son rabbin, c'est-à-dire de me tenir à ses côtés dans ces moments que nous savions toutes les deux proches. Je lui ai alors promis de m'efforcer d'être pour elle l'une et l'autre.

Tant de fois je me suis tenue avec des mourants et avec leurs familles. Tant de fois j'ai pris la parole à des enterrements, puis entendu les hommages de fils et de filles endeuillés, de parents dévastés, de conjoints détruits, d'amis anéantis. Et si souvent, leurs mots m'ont bouleversée.

J'ai eu bien des fois envie de pleurer avec eux, de m'effondrer à leurs côtés, de sangloter à leur rythme. Mais j'ai toujours su que je devais me l'interdire.

Je savais que mon rôle me protégeait un peu et m'obligeait beaucoup. Que je pouvais m'en envelopper pour tenir à distance la vague des émotions qui emportait tout sur son passage, mais qui m'offrait à moi, dans ce rôle d'accompagnant, le privilège d'un abri flottant que je pouvais agripper comme une bouée insubmersible.

Il m'a aussi semblé que je devais tenir l'émotion à distance, car son effet sur les endeuillés serait potentiellement dévastateur. Le rabbin ou l'officiant ne peut, ni ne doit, être dans la parfaite empathie avec ceux qu'il épaule. Précisément, il se doit de ne pas faire sienne la douleur de ceux qu'il accompagne, et d'être le pilier d'une verticalité qui les a abandonnés.

Sa présence, dans le chaos d'un monde qui s'effondre, doit incarner la possibilité d'une stabilité, la promesse d'une continuité.

Par la bouche du rabbin, et par son corps aussi, sa voix, sa façon de se tenir debout et de chanter une liturgie ancestrale qui l'a précédé et lui survivra, l'officiant demande à l'endeuillé de croire en un avenir. Le rabbin doit savoir, pour représenter la résilience, ne pas être celui qui pleure, et permettre aux effondrés de croire en la possibilité de se relever.

Un jour, Ariane m'a demandé d'être là où je ne pouvais absolument pas me tenir. J'aurais dû refuser, par amour pour elle. Mais par amour pour elle, j'ai accepté, et je suis devenue « presque » celle que j'étais, « presque » celle que je ne pouvais plus être, « presque » celle qui tenait debout, « presque » celle qui s'effondrait. J'ai laissé s'installer en moi ces jumelles qui ne pouvaient que s'affronter. L'une tenait un grand parapluie de Cherbourg pour rester droite sous la tempête. L'autre savait que l'orage allait tout emporter et avec la voix de Catherine Deneuve pleurait : « Non je ne pourrai jamais vivre sans toi… »

J'ai alors tenté, à chaque visite que je lui rendais, d'être l'une et l'autre, alternativement ou simultanément. Cela donnait parfois lieu à des discussions cocasses.

Je me souviens de ce jour où nous avons longuement parlé de prière, d'enterrement, de tristesse et de colère, juste avant que nous rejoigne notre petit groupe de copines venues improviser une séance de manucure entre filles. Toutes ensemble, avec des ciseaux, des limes et des crèmes pour les mains sèches, nous avons repoussé désespoir et cuticules, choisi une jolie couleur et ajouté du vernis transparent sur la dernière couche, faisant semblant de croire que rien de tout cela ne pourrait s'écailler.

Je me souviens de ce langage qui lentement l'abandonnait, des mots qu'elle ne trouvait plus et de sa façon de me demander, avec les yeux, de finir certaines de ses phrases. Souvent, en voulant bien faire, je me plantais radicalement de registre. Un jour, par exemple, elle m'a dit :

« Je rêve de..., je rêve de... »

Voyant qu'elle ne pouvait finir sa phrase, je suis venue à la rescousse :

« Tu rêves de... ne pas avoir peur ?

— Non, m'a-t-elle dit, de manger des sushis. »

Nous avons ri de cette réplique digne des meilleures comédies, une phrase culte qui survivrait à tout, même aux acteurs qui la prononcent. À travers nous, s'énonçaient des récits superficiels et des histoires sacrées. À bien y réfléchir, même les rires les plus puérils étaient des moments religieux, c'est-à-dire des moments qui relient, dans une puissante liturgie qui ne parle que d'éternité, comme des refrains de comédies musicales. Et c'est là que l'univers s'est mis à nous envoyer des signes. J'ignore dans quelle mesure nous les inventions un à un, mais quelle importance ? Même cette fiction nous rapprochait d'un Dieu dont nous n'avions aucun besoin de prononcer le nom. Il suffisait de choisir de voir les miracles.

Un jour, presque à la fin, alors que nous savions que le temps était compté, je lui ai proposé que nous scellions toutes les deux un pacte solennel, comme seuls savent le faire les enfants dans leurs jeux ou les combattants sur un champ de bataille.

Je lui ai dit :

« À partir de maintenant, le temps n'a plus aucune importance. Il ne se compte plus comme le font les autres. Décrétons ensemble que chaque heure est un millénaire et que la semaine qui vient peut durer un million d'années. »

En cet instant, nous avons décidé, toutes les deux, de refuser l'échéance, de sortir du décompte que d'autres voulaient nous imposer, de garder la liberté, pour un laps de temps très court, de transformer la finitude en éternité.

Ce jour-là, nous avons miraculeusement modifié l'espace-temps, et réinventé, en tirant la langue à Einstein, toute la théorie de la relativité. Le soir est certes arrivé pour ceux qui croyaient que le temps passe, mais pas pour nous. Juste avant de partir, Ariane m'a fait signe et m'a demandé de regarder son poignet. Aucune de nous deux n'était en mesure d'expliquer pourquoi sa montre, ce jour-là, s'était mystérieusement arrêtée.

Une semaine plus tard, c'est-à-dire plusieurs millions d'années après, est arrivé le dernier jour de la vie de mon amie.

Dans la chambre d'une maison de soins palliatifs, tout autour d'elle nous nous sommes installés, son mari, ses parents, et quelques amis proches, pour tenir une ultime fois sa main et embrasser son visage légèrement maquillé. Elle n'était plus consciente, mais nous lui avons parlé. Nous lui avons dit que nous étions là pour l'accompagner, à l'heure où, selon tant de traditions, s'ouvrent des portes entre des mondes. Et il m'a semblé qu'effectivement, des milliers de personnes étaient autour de nous convoquées, des ancêtres, des guides, des textes sacrés, et même des refrains idiots qu'on aimait chanter, des robes scintillantes de Peau d'Âne et des Moulins de mon cœur, des mères juives qui pleurent et des enfants à qui il faudrait un jour raconter cet instant. Dans cette chambre remplie de silence et d'histoire, nous sommes restés quelques heures, c'est-à-dire des années, au lieu du plus mystérieux des passages. Les vivants et les morts, ceux qui ont été et ceux qui restent à être se tenaient à nos côtés. Et la voix du rabbin, c'est-à-dire presque la mienne, racontait une histoire à son amie.

C'est l'histoire d'une femme et ce à quoi elle a donné naissance.

« Deux êtres se battaient en son sein », mais Rebecca finit par accoucher. Elle devint la mère de deux fils, dont un nommé Jacob. L'enfant était bien plus fragile et vulnérable que son frère jumeau. Elle décida donc de lui offrir une bénédiction très spéciale, de lui donner la conscience de sa brisure, une capacité à entendre, lui aussi, les voix de ses combats intérieurs.

Jacob portait un nom d'avenir, un verbe conjugué en hébreu au futur. *Jacob-Yaakov* signifie : « il suivra », ce qui revenait à dire que l'enfant de Rebecca s'appelait « à suivre ». Son nom disait que l'histoire ne s'arrêtait pas là. Et Jacob, à l'image de son patronyme, passa une bonne partie de sa vie à devenir, à démontrer qu'il n'avait pas fini de dire ce qu'il pourrait (encore) être, et à poursuivre ainsi les rêves de sa mère.

Devenu adulte, Jacob, l'enfant de Rebecca, lutta toute une nuit contre un ange, ou contre lui-même. Personne ne peut le dire. Il sortit de cet affrontement avec une hanche déboîtée, dorénavant incapable de se tenir droit. Mais l'ange lui fit aussi un cadeau : un autre nom que le sien, une identité que ses descendants se transmettent jusqu'à aujourd'hui, Israël. L'autre nom de Jacob, le nom de son combat intime, lui rappelle et nous rappelle à tout jamais ce que « boiter » signifie, claudiquer entre deux voies, entre deux noms, entre deux états, accepter d'être bancal, c'est-à-dire « presque » soi.

Jacob eut à son tour des enfants. La Thora raconte qu'à l'heure de sa mort, tous ses proches se réunirent autour de son lit pour accompagner son départ.

Selon la légende, ceux qui entouraient Jacob perçurent la peur de celui qui s'apprêtait à partir, l'angoisse du mourant à l'idée que son monde ne disparaisse avec lui. Ceux qui lui survivaient sauraient-ils porter la bénédiction de Rebecca, et protéger à tout jamais l'histoire « à suivre » ?

C'est alors qu'autour du lit de mort d'un être cher, des hommes et des femmes prononcèrent les mots que les juifs se murmurent encore, à chaque génération, à chaque départ :

« Shema Israël, Adonaï Elohenou Adonaï Eh'ad. »

« Écoute Israël, l'Éternel notre Dieu l'Éternel Un. »

« *Shema Israël* » – Écoute, toi Jacob que l'on appelle aussi Israël, sache que celui que tu nommes Dieu, « *Adonaï* » – qui a guidé tes pas et ceux de tes ancêtres, « *Elohenou* » – ce Dieu est aussi le nôtre, « *Adonaï Eh'ad* » – ton Dieu et le nôtre ne font qu'Un.

À chaque génération qui part, ces mots résonnent encore. Ils disent que malgré tous les combats qu'il a fallu mener, toutes ces « gémellités qui luttent en nous », tout ce qui nous fait passer à côté les uns des autres ou de nous-mêmes, il existe une possibilité de faire Un.

Tel est l'engagement solennel que les juifs prennent à l'heure du passage, faire que quelque chose de celui qui part intègre leur vie pour s'unir à ce qu'ils deviendront.

Ils disent à celui qui meurt : Fils ou fille d'Israël,

écoute ce qui de toi va continuer à vivre en nous, uni à nous pour toujours.

À l'heure du passage, tous ensemble, en sanglots, nous avons prononcé ces mots du *Shema Israël* à la femme aimée qui partait. Et en cet instant, il m'a semblé que nous nous tenions tous au pied d'un grand escalier de pierre. Marche après marche, nous l'avons regardée monter.

MYRIAM

« Le monde à venir »

Lorsque j'étais étudiante à New York, je donnais parfois des cours d'hébreu dans une synagogue de Manhattan, en tant qu'élève-rabbin. Parmi mes élèves, il y avait surtout des femmes, et la plupart d'entre elles étaient âgées, des grand-mères de l'Upper East Side, dont le style était toujours parfait et le brushing impeccable.

Elles venaient chaque jeudi matin me retrouver autour d'une table dans ce centre communautaire juif sur Lexington Avenue, et je les imaginais facilement rejoindre, les autres matins de la semaine, un cours de bridge ou une des conférences que le Metropolitan Museum offrait, tout près de là.

Elles étudiaient ensemble depuis des années. Je ne parvenais pas à savoir à quand remontait leur rencontre, ni combien d'enseignants m'avaient précédée pour les guider.

Leur hébreu était balbutiant, nous n'avancions pas vite. Dans ce désert, la Terre promise semblait lointaine, mais nous n'étions pas pressées d'y entrer. Il y avait dans ces cours hebdomadaires un rendez-vous immanquable, un plaisir à faire durer.

Je sentais bien qu'elles m'avaient rapidement adoubée, elles me manifestaient souvent une affection quelque peu excessive. Elles me couvraient de cadeaux et d'attentions, et je savais que mon accent français n'était pas étranger à la tendresse qu'elles me portaient. J'étais leur « French rabbi », et si je n'avais pas été mariée, chacune d'entre elles m'aurait sans doute déjà invitée à un dîner de shabbat chez un fils récemment divorcé, ou aurait organisé mon prochain « *date* » avec un neveu célibataire.

Aux États-Unis, le *date* est un concept qui échappe à toute traduction française. Ses modalités sont difficiles à décrire. Des règles strictes codifient la rencontre avec l'autre : il y a ce que l'on fait, et ce que l'on ne doit jamais y faire, ce que signifie d'en accepter un premier et ce qu'implique de convenir d'un deuxième.

Un rendez-vous, dès qu'il est qualifié de *date*, signale aux protagonistes que la situation pourrait évoluer dans un sens romantique. Les voilà comme invités à signer au bas du document une mention « lu et approuvé » d'un possible « et plus si affinités ». La culture du contrat dans la société américaine se traduit même dans la genèse des relations amoureuses et laisse peu de place à l'improvisation.

Le *date* que j'avais avec ma classe de septuagénaires chaque semaine à la synagogue me suffisait amplement, et le plaisir que nous y prenions valait reconduction tacite du contrat.

J'ai appris à attendre impatiemment ces rendez-vous avec mes protectrices de l'Upper East Side, même si je me représentais leur vie de façon un peu caricaturale, presque comme une version juive américaine des Flamandes de Brel :

« Si elles dansent c'est parce qu'elles ont cent ans, et qu'à cent ans il est bon de montrer que tout va bien, qu'on a toujours bon pied et bon houblon et bon blé dans le pré... » Elles me semblaient afficher l'assurance d'une vie dont le déroulé est clair, et le contrat standard, une existence codifiée qui s'affranchit des surprises et des rébellions.

Parmi elles, une femme semblait plus âgée que les autres. Elle s'appelait Myriam et, au début dc chaque cours, elle ouvrait son sac et en sortait une montagne de nourriture et de boissons pour tout notre groupe. Généralement, elle posait sur la table des Thermos de thé parfumé et passait un temps fou à nous décrire chaque saveur infusée et ses propriétés.

Nos sages racontent que, dans la Bible, Myriam remplissait précisément cette fonction. Elle a traversé le désert avec tout un peuple affamé et assoiffé, qu'elle pouvait miraculeusement sauver. La Myriam biblique avait, dit-on, la capacité de promener avec elle un puits nomade, qui empêchait les siens de mourir de soif.

Ma Myriam d'Amérique transportait avec elle les mêmes ressources ou presque, toute une manne biblique, dans un sac à main qui me semblait sans fond. Elle nous aurait permis de survivre à des décennies de voyage. Un jour, elle m'a même abreuvée d'une des histoires les plus extraordinaires qu'il m'ait été donné d'entendre.

Alors que je lui demandais si elle avait toujours été aussi soucieuse des autres qu'elle l'était avec nous, elle me répondit qu'elle n'était devenue cette femme que récemment, depuis que dans sa vie quelque chose l'avait radicalement changée.

« Pendant des années, me dit-elle, j'ai vécu une très profonde dépression. Je n'avais plus d'envie, ni de désir. La force de vie m'avait quittée et je renonçais même à sortir de chez moi, ou à rencontrer qui que ce soit. Jamais je ne me serais inscrite à un cours d'hébreu, un tel engagement était au-delà de mes forces. J'étais incapable de me préparer à manger et encore moins de nourrir les autres. Mes enfants désespéraient et tentaient de me redonner goût à l'existence. Ils me disaient ce qu'on dit toujours aux gens qui traversent une dépression dont on ne comprend pas bien la cause : "Mais enfin, tu es en bonne santé, tes enfants vont bien, tes petits-enfants t'aiment. Tu n'as pas le droit de te laisser aller..." Toutes ces phrases absurdes de gens bien portants manquaient totalement leur cible. La dépression n'a rien à voir avec un refus de voir ce qui va bien dans votre vie, ou une incapacité à reconnaître les bons côtés de votre existence. La conscience de votre chance ou de vos privilèges n'est jamais ce qui vous en libère ou vous allège. Et celui qui exige de vous d'en sortir ne connaît généralement rien de la mort du désir. Il n'a aucune chance de vous ramener à la vie. Il vous fait l'article d'un produit dont vous ne niez pas la valeur, mais dont il n'a jamais manqué, lui. Il n'a donc aucun argument de vente sérieux. »

Myriam était drôle et légère. Elle m'assurait que tout le monde dans sa famille avait cet humour. J'avais du mal à croire qu'avec un tel atout, elle ait porté tant d'années le poids de ce qu'elle racontait.

Elle changea soudain de visage et, avec un petit sourire un peu enfantin, elle murmura à mon oreille, sur le ton de la confidence :

« À cette époque, une seule chose m'intéressait, quelque chose qui commença à me passionner et qui devint mon seul et unique centre d'intérêt. J'y consacrai peu à peu tout mon univers mental, toute mon activité intellectuelle. »

Je me demandai quelle passion Myriam allait me décrire, de quel hobby elle avait pu s'enticher, au creux de la dépression. Elle poursuivit en articulant lentement cette phrase, comme pour ménager son effet :

« Je me suis passionnée pour mes funérailles. »

Myriam avait pendant plusieurs années entrepris de planifier ses obsèques. Comme beaucoup de gens, elle avait d'abord contracté un plan, en accord avec une maison funéraire, signé des papiers et paraphé des documents. Mais ce que ce contrat prévoyait ne lui semblait pas assez détaillé. On y précisait les volontés du disparu, son souhait d'un office religieux ou non, la possibilité qu'il y ait des bouquets de fleurs d'une gamme de couleurs choisies, et une sonorisation de qualité. Mais Myriam avait bien d'autres exigences. Elle se mit alors à rédiger tout ce qui semblait essentiel à sa cérémonie de départ. À New York, la plupart des cérémonies ne se font pas au cimetière, qui est généralement trop loin de la ville, les proches et les connaissances se réunissent dans un centre funéraire, au cœur de l'île.

Myriam savait exactement auquel il faudrait faire appel, quelle serait la personne de référence à contacter, comment la salle d'exposition serait arrangée et comment les chaises devraient être disposées. Elle avait une idée claire du cercueil dans lequel elle devrait reposer et, bien entendu, de la musique sur laquelle elle ferait son entrée. Elle savait qui se joindrait à la cérémonie et où chacun prendrait place. Avec le temps, elle avait même affiné l'enchaînement des différentes musiques, quelle version de chaque morceau serait programmée, du Gershwin par Hendricks, et *Learning the Blues* de Sinatra, mais dans sa version jazz du Oscar Peterson trio.

Elle connaissait les tailles des bouquets et leur composition, et avait choisi quels portraits d'elle devraient être disposés, où et comment il faudrait les éclairer. Et surtout, elle avait avec précision déterminé qui devrait prendre la parole, et pour quelle durée. Dans quel ordre se succéderaient les hommages et comment ils seraient entrecoupés. À son grand regret, elle ne pouvait dicter le contenu des oraisons funèbres des uns et des autres. Mais si elle avait pu, elle l'aurait fait, et défini chaque prise de parole ou même écrit sa propre nécrologie. Bien entendu, l'annonce à faire paraître dans la presse était rédigée, et la liste des numéros de téléphone à contacter préparée.

En bien des occasions, cette obsession avait déclenché de violentes disputes familiales. Ses enfants et ses petits-enfants la suppliaient de mettre fin à cette planification, de cesser de leur parler des détails de la cérémonie. Quand ils lui reprochaient ce zèle macabre, elle affirmait que tout cela était fait dans leur intérêt, et uniquement dans leur intérêt, pour leur éviter des décisions difficiles et leur épargner le moindre dilemme en un moment où l'émotion les submergerait. Tout cela n'était autre que du dévouement maternel, de l'altruisme *pre-mortem*.

Elle tentait de relativiser son obsession mais, au fond, elle le savait bien : quelque chose d'autre était en jeu dans cette programmation détaillée d'un événement auquel, par définition, elle ne pourrait pas assister. Myriam était bien obligée de reconnaître que son aboulie, son manque de volonté et de désir de vivre ne la quittait que dans l'organisation de sa propre mort. Là seulement, elle retrouvait son envie.

En anglais, le mot « envie » ne porte pas le message qu'il fait entendre en français, en collant deux mots qui ne laissent aucune place à la mort. Myriam, au fil des années de dépression, était simplement devenue la plus zélée des chefs de projet événementiel, version « obsèques » de la plus talentueuse *wedding planner*. Il ne lui restait qu'à mourir, seul détail du grand événement qui ne soit encore programmé. Mais c'était avant que la vie ne change tous ses plans...

J'ai rencontré plusieurs personnes qui partageaient la passion de Myriam, sans la pousser à un tel paroxysme. Certains sentaient la mort approcher ou la force les quitter, d'autres se disaient en pleine forme, mais souhaitaient garder la main sur ce que la mort promettait de leur arracher. Tous choisissaient de me rencontrer pour évoquer leur sortie.

Dans mon bureau de rabbin, j'ai souvent reçu des gens venus me parler de la cérémonie qu'ils souhaitaient « voir » s'organiser. Il me fallait toujours à un moment ou à un autre de la conversation leur rappeler qu'ils ne seraient vraisemblablement pas là pour le « voir ».

Cette planification détaillée de ce à quoi ressemblera une telle cérémonie trahit souvent le refus de reconnaître ce dont il est en vérité question dans cet événement : la fin du contrôle sur notre vie. L'organisation de la mort raconte d'abord, et avant tout, son refus de l'accepter.

Il n'est pas toujours simple pour moi de l'expliquer à la personne qui vient me rencontrer. Je lui parle des rites traditionnels du judaïsme. On n'y trouve en principe aucune place pour toute cette préparation. Le cercueil doit être le plus simple possible, sans fioriture ni décoration, un symbole d'humilité qui raconte l'égalité de tous devant la mort et le retour inévitable à la poussière dont on vient. Dans certains lieux, comme en Israël par exemple, il n'est pas même de cercueil, le corps est enveloppé dans son linceul, déposé à même la terre, et l'enterrement se fait immédiatement après l'annonce de la mort. Parfois vous n'avez pas le temps d'apprendre le décès d'un proche qu'on vous confirme qu'il est déjà sous terre. La cérémonie funéraire ne fait pas l'objet de planification. Elle répond à une exigence de rapidité et de simplicité.

C'est dans ce même objectif d'humilité que les fleurs et les couronnes sont généralement absentes des cérémonies juives. La mort n'a pas à être embellie, ni esthétisée d'une quelconque manière, et il faut éviter qu'elle ne soit l'objet d'une fascination ou d'une attraction contre laquelle les sages nous mettent en garde.

La prise de parole dans le monde traditionnel y

est également très codifiée. Le rabbin ou l'officiant évoque le disparu en puisant presque exclusivement dans la liturgie, en convoquant un passage de la Thora lu cette semaine-là dans les synagogues, ou la parole d'un sage. L'oraison funèbre n'est pas le lieu d'une grande créativité littéraire et il est en principe à l'image de la cérémonie tout entière sobre et minimaliste.

Aujourd'hui, la plupart des enterrements juifs ne se déroulent pas dans le strict respect de ces normes, et il est désormais fréquent d'intégrer les souhaits des disparus, des éléments plus intimes, des images, des musiques, et de raconter ainsi leur monde, de personnaliser la cérémonie.

Lorsque se déroule dans mon bureau une conversation sur les obsèques, et que je fais face à des volontés très affirmées, ou des choix de « mise en scène » particuliers, il est de mon devoir de rappeler à la personne qui organise son départ une vérité simple que le rite juif tente d'illustrer, un énoncé a priori trivial mais dont les implications sont fondamentales : notre mort ne nous appartient pas complètement, pas plus que notre corps après la mort. Je ne fais pas seulement référence ici aux temps et conditions dans lesquels la mort survient, mais à une idée plus fondamentale et difficilement audible dans nos sociétés contemporaines qui font du respect des volontés du disparu la priorité suprême.

Une des illustrations de cette tension entre cultures traditionnelle et moderne est, par exemple, la question de la crémation et la dispersion des cendres dans un lieu choisi par le disparu.

La pratique est de plus en plus répandue dans nos sociétés, mais elle reste extrêmement taboue pour la culture juive, et fait l'objet d'un interdit strict pour un judaïsme conservateur.

Le refus de la crémation repose essentiellement sur le principe du respect dû à la dépouille. Le corps doit retourner à la terre, et le temps nécessaire à sa décomposition participe du respect dû à ce qui a enveloppé l'âme pendant son séjour terrestre. L'incinération est perçue comme une violence extrême faite au mort, et la dispersion des cendres exclut la possibilité d'offrir aux survivants un lieu de recueillement que le judaïsme juge nécessaire.

Un rabbin de sensibilité orthodoxe refusera en toute circonstance d'officier à une cérémonie où le disparu aurait fait un tel choix. Un rabbin de sensibilité libérale peut en certaines circonstances accéder à la demande d'une famille.

Personnellement, je n'accepte qu'à condition que ce choix ait fait l'objet d'une discussion familiale, pour tenter de comprendre, non seulement ce qui a poussé le défunt à prendre une décision si peu normative pour la tradition juive, mais aussi comment ses proches l'accueillent. Quelles sont les motivations ? Dans quelle mesure ce choix personnel heurte-t-il la sensibilité de ses proches ? Dans quelle mesure ont-ils été associés ?

Je pourrais bien sûr refuser au nom de lois ancestrales et immuables, mais il me semble que ces mêmes lois m'invitent à entendre la douleur des endeuillés et à me tenir à leurs côtés selon un principe que je définirai ainsi : les rites du deuil sont là pour accompagner les disparus, mais plus encore pour accompagner ceux qui restent. Le rituel doit leur permettre de traverser une épreuve, celle de la survie, qui par définition n'est pas entre les mains du mort.

Cela revient à dire qu'il est à mes yeux une valeur plus grande que la volonté d'un disparu : le devoir d'accompagner ceux qui le pleurent. Et tel est à mon sens le plus grand respect dû au mort, se soucier de sa volonté mais plus encore de la possibilité pour ceux qui l'ont aimé de lui survivre et d'honorer dignement sa mémoire.

Il en va de même pour d'autres demandes. Certaines personnes définissent à l'avance qui devra prendre la parole et à qui il faudra la refuser. Certains précisent qu'ils ne souhaitent aucun discours, aucun hommage à leur inhumation, pas un mot. Je me surprends parfois à leur répondre avec une plaisanterie qui n'en est pas vraiment une : « Mais de quoi je me mêle ? Qu'est-ce qui vous fait croire que c'est à vous de le décider ? »

Il ne s'agit pas là d'un abus de pouvoir rabbinique

ou d'une volonté de piétiner les vœux de ceux qui sentent la mort arriver. Mais de les inviter à reconnaître que leurs proches puissent en cet instant avoir besoin d'autre chose, et que le réconfort qu'il nous faudra leur apporter pourrait, dans une certaine mesure, contrer leurs volontés. Si les endeuillés ont besoin de mots, contre la « volonté du mort », est-il en son pouvoir de les en priver ?

Il s'agit au fond d'accepter que le propre de la mort est qu'on n'y est plus vivant, apparente lapalissade qui énonce une vérité terrifiante et profonde.

Vouloir planifier à l'extrême sa mort et ses obsèques revient souvent à ne pas s'y préparer, à refuser d'admettre ce que notre disparition signifie : un renoncement au contrôle de ce qui nous arrive, une acceptation que la vie appartient aux vivants.

Il nous revient de respecter les vœux des morts, mais aussi de reconnaître la limite de ce qu'ils nous imposent, et la possibilité de choisir la vie.

Myriam ne s'attendait pas à en faire l'expérience. Elle croyait avoir tout planifié. Un célèbre proverbe yiddish dit : « L'Homme fait des plans et Dieu rigole. » Il arrive d'ailleurs que pour partager son rire, il se trouve des complices.

Et c'est ce qu'Il fit pour Myriam, au jour de ses obsèques.

Par un chaud après-midi d'été new-yorkais, elle attendait sa fille Ruth, pour aller faire un peu de shopping. Myriam n'était pas sûre que cela soit une bonne idée, mais Ruth insistait depuis plusieurs jours pour qu'ensemble elles traversent le parc et rejoignent les centres commerciaux climatisés de Columbus Circle. Myriam n'avait aucune envie de sortir de chez elle. L'idée de quitter sa maison et d'affronter le monde lui était douloureuse, elle serait bien restée allongée. Mais sa fille s'acharnait à lui organiser des journées avec des horaires et des buts, de quoi lui donner un peu plus envie de mourir. Elle tenta de mobiliser en elle la force de s'habiller et se maquilla un peu plus que d'habitude pour donner le change, avec les joues roses de celle qui semble savoir où elle va et s'y rend d'un pas décidé.

Elle entendit un taxi klaxonner en bas de chez elle, y reconnut le signal de sa fille, et sortit de son appartement pour l'y retrouver. Le taxi était effectivement devant la porte, mais Ruth n'était pas à l'intérieur.

« J'ai l'adresse du lieu où je dois vous conduire », lui expliqua le chauffeur.

Un peu exaspérée, elle monta dans la voiture jaune et se demanda un instant si elle pouvait faire un malaise dans cette chaleur, et ce que signifierait, pour elle, de mourir un jour de grand soleil. Moins de gens se déplaceraient-ils pour ses obsèques par un jour de canicule ?

Le taxi traversa le parc au niveau de la 72e mais ne descendit pas en direction des centres commerciaux. Myriam ne posa aucune question, Ruth devait l'attendre près de chez elle, sur la 96e. Le véhicule poursuivit effectivement vers le nord, mais stoppa net au niveau de la 76e Rue, juste devant le Jewish Community Center, une immense bâtisse en verre où ses petits-enfants prenaient souvent des cours d'art et de natation. Myriam avait l'habitude de les retrouver avec sa fille, à la cafétéria du centre culturel dans l'entrée de l'immeuble. Le lieu était frais et bien climatisé et Myriam se réjouit à l'idée d'y retrouver sa fille plutôt que d'errer dans un centre commercial, entourée d'une foule. Elle régla le taxi et marcha en direction du bâtiment de verre. Le chauffeur baissa la vitre et lui cria :

« Non, madame, votre rendez-vous n'est pas là, mais juste en face, de l'autre côté de la rue. »

Il lui indiqua alors l'immeuble en brique rouge de quatre étages qu'elle connaissait parfaitement, au coin sud-est de cette 76e Rue, sur lequel étaient gravés quelques mots qu'elle avait prononcés en bien des circonstances, et même écrits dans beaucoup de petits carnets : Riverside Memorial Chapel.

Le taxi démarra et Myriam sentit le vent chaud caresser son visage. Elle s'approcha de la chapelle funéraire, en se demandant pourquoi sa fille lui fixait rendez-vous en ce lieu. Elle aperçut alors un petit tableau qui invitait les personnes conviées à entrer.

L'office du souvenir allait débuter et le nom de la personne honorée y était gravé. C'était le sien.

Myriam entra dans la grande chapelle de la maison funéraire. Elle n'y distingua pas tout de suite les visages, mais immédiatement elle reconnut la voix qui l'accueillait. C'était celle de Barbara Hendricks qu'elle avait entendue à maintes reprises, mais jamais résonner de cette façon. Comme si pour la première fois, elle entendait «*Summertime and the livin is easy*»...

Les chaises étaient disposées en demi-cercle et tous les invités présents lui tournaient encore le dos, mais Myriam reconnut rapidement chaque détail de ce que, depuis des années, elle avait en tête. Il y avait dans la pièce quelques portraits d'elle, très bien éclairés, et de gros bouquets de roses, de chrysanthèmes et de lilas, jaunes, blancs et orange.

Barbara murmurait: «*So hush little baby, don't you cry...*»

Mais Myriam n'a pas pleuré, elle n'a pas compris tout de suite ce qui lui arrivait. Sa fille, son gendre et ses petits-enfants l'ont alors fait avancer doucement, et ont approché un siège pour l'installer au centre de ce demi-cercle. Quand enfin, elle a pu voir tous les visages qui l'entouraient, elle les a reconnus, un à un, des amis de longue date et des connaissances de sa fille. Il y avait là des commerçants de son quartier, des personnes avec lesquelles elle avait pris des cours, un voisin qui depuis longtemps avait déménagé, sa coiffeuse à laquelle elle était fidèle depuis plus de trente ans, et le « doorman » de l'immeuble qui avait dû prendre sa demi-journée pour être présent.

Tout le monde riait. Sa fille, face à elle, prit alors la parole :

« Maman, je sais que je prends un risque considérable en te faisant vivre ce moment. Mais comprends bien que c'est dans ton intérêt, uniquement dans ton intérêt, que nous avons organisé cette journée. Voilà des années que tu te prépares à cet instant, en méditant chaque détail de cet événement grandiose, d'une superproduction à laquelle, par définition, tu ne seras pas vraiment conviée, en tout cas pas en mesure de pleinement l'apprécier.

Alors, puisque tu nous en parles continuellement, à ta famille, tes enfants, tes petits-enfants, et à tous tes proches, qui ont beau te répéter qu'ils n'en peuvent plus, nous avons décidé de te l'offrir de ton vivant. Et ce moment qui t'obsède, eh bien, nous avons choisi de te le faire vivre. Tu vas voir à quoi ça ressemble et comme cela, tu pourras enfin, si Dieu le veut, passer à autre chose. »

Dans les éclats de rire de l'assistance et sous le regard ébahi de sa mère, Ruth passa la parole à ceux que Myriam avait choisi de faire parler, et fit entendre une à une les musiques planifiées. Voilà comment, le temps d'un après-midi, Myriam vécut ses funérailles.

Bien entendu, il y manquait l'essentiel : la mort

n'était pas au rendez-vous. Personne ne l'avait mise sur la liste des invités ce jour-là, et la vie lui faisait sur la 76e Rue de Manhattan le plus puissant des pieds de nez.

Myriam m'a raconté combien les prises de parole furent drôles, profondes et décalées. À défaut de cercueil, elle vécut la plus intense « mise en boîte » qu'il ait jamais été donné à quelqu'un de vivre. Ses amis et ses connaissances se succédèrent et prirent un malin plaisir à la titiller avec humour sur tout ce qui chez elle allait leur manquer, tout ce qu'ils avaient aimé et tout ce qu'ils étaient heureux de ne plus avoir à côtoyer. Ils dirent tout le mal qu'ils pensaient de sa cuisine et de ses spécialités, trop salées et trop cuites, et rirent de sa façon de (très) mal mentir à tous ceux qu'elle ne voulait pas voir, de son art de se lamenter en glissant dans la plainte un yiddish totalement inventé, et de promettre à qui voulait l'entendre qu'elle finirait par voter « Républicain » sans en penser un mot. Jamais cette chapelle funéraire n'avait connu autant de fous rires et manifesté autant de marques d'amour à une vivante.

Certains trouveront cette initiative extrêmement malsaine ou totalement déplacée. Myriam aurait pu s'effondrer ou même succomber à cette surprise qui lui avait été concoctée. Mais elle m'en a parlé, au contraire, comme la chose la plus extraordinaire et déterminante qui lui soit jamais arrivée.

Elle m'a confié que ce moment cérémonial qui s'est

conclu dans les larmes, par un adieu à quelque chose de la femme qu'elle avait été, a eu sur sa vie un effet « mortel » au sens littéral du terme. Il lui a semblé que mourait là quelque chose en elle dont elle allait apprendre à se passer, et que pourrait peut-être commencer, à cet instant précis, le reste de sa vie.

« Summertime and the livin is easy »... « Parfois, en été, la vie peut redevenir facile », promettait Barbara Hendricks cet après-midi-là. *« Fish are jumpin, and the cotton is high... »*, les poissons sautaient haut par-dessus les eaux de l'Hudson. Étaient-ils les mêmes en y replongeant ?

Je n'ai connu Myriam que des années plus tard, et le récit qu'elle me fit de cet événement extraordinaire était sans doute filtré par le passage du temps et la réécriture des souvenirs à laquelle aucun de nous n'échappe. Mais je peux témoigner que j'avais devant moi une femme résolument vivante, qui avait fait de la faim et de la soif des autres, bref, du soin apporté aux vivants, une priorité absolue.

Je ne sais pas si elle a continué à planifier ses obsèques ou si cette idée l'avait définitivement abandonnée. Je pense qu'elle avait décidé de renégocier le contrat et refusait dorénavant tous les « *dates* » que la mort lui proposait.

Après son récit, je n'ai plus jamais regardé ma classe d'hébreu de la même manière. J'ai compris que l'élève-rabbin que j'étais ne remettrait plus jamais en doute la possibilité de la résurrection, puisque j'en avais été témoin.

Pour décrire la résurrection des morts, la tradition rabbinique évoque généralement deux concepts, deux mondes parallèles : *Olam Haze*, l'univers dans lequel nous vivons, et *Olam Haba*, celui vers lequel nous allons. La plupart des commentateurs voient dans le second la promesse d'une rédemption future, la résurrection en des temps messianiques dont la venue est encore reportée. Mais ils n'excluent pas la possibilité que ces deux mondes coexistent pour ceux qui seraient capables de leur vivant de voyager de l'un à l'autre. Le monde, tel qu'il est, peut laisser ouvert un passage vers le monde tel qu'il pourrait être. La mort les sépare et parfois il faut effectivement la rencontrer pour entrer dans un monde nouveau.

Quel goût a donc le *Olam Haba* ? demandent les sages. Certains affirment que Shabbat en a la saveur, la douceur d'un temps à part où le repos est possible.

D'autres disent que l'étude de la Thora, c'est-à-dire la soif d'apprendre, vous en offre un avant-goût et vous prépare à le savourer.

Pour moi, grâce à Myriam, le « monde à venir » possède à tout jamais le goût des plantes infusées. Il est concocté à Manhattan par une femme, revenue à la vie un jour d'été, et qui, depuis, vous propose un verre de thé parfumé, en demandant au rabbin qui ne l'enterrera pas de lui donner un cours d'hébreu.

MOÏSE

L'homme qui ne voulait pas mourir

« À force d'accompagner les mourants, ou de passer votre vie au cimetière, forcément la mort ne vous fait plus peur, à vous… »

J'ai souvent entendu cette phrase, formulée avec plus ou moins d'élégance par des gens que mon métier intrigue. Je suppose que d'autres se la voient parfois adressée : médecins, personnels des services d'urgence, ou employés des pompes funèbres.

La mort fait croire à ceux qui peuvent s'en tenir à distance, que ceux qui la côtoient auraient avec elle une relation apaisée, une sorte de camaraderie sereine qui donnerait la force de la narguer en lui disant « même pas peur ! ».

À supposer que vous soyez « religieux », et l'on vous prête immédiatement un autre privilège : la foi comme puissant pare-frayeur, qui offrirait forcément une sérénité supplémentaire, une immunité contre la terreur…

J'hésite toujours à décevoir mon interlocuteur. Dois-je lui révéler que croiser la mort souvent, au fond, n'y change rien ? Ou au contraire préserver intacte sa croyance, par « charité chrétienne », et le laisser penser qu'il existe bel et bien une façon d'être en paix avec notre finitude ? Dois-je le laisser imaginer qu'avec un peu d'entraînement, ou mieux, selon Montaigne, « avec philosophie », il est possible d'« apprendre à mourir » ?

Philosophes ou pas, j'ai rencontré bien des érudits terrorisés à l'idée de leur disparition, et autant de gens qui n'y avaient jamais réfléchi, mais n'y étaient pas moins bien préparés. Et enfin, je ne crois pas que la foi protège de cette peur, en tout cas la mienne n'a jamais eu ce pouvoir.

Accompagner la mort des autres ne m'a pas immunisée contre l'appréhension de la croiser. Je me méfie de tous ceux qui disent que mourir s'apprend et qu'il existerait une méthode imparable pour se résoudre à l'accepter.

Il n'y a pas de cours, ni de technique, pour apprendre à disparaître en dix leçons, pas de classe ou de programme académique pour optimiser son décès en un semestre.

Les récits religieux, contrairement à une croyance communément admise, ne permettent pas nécessairement aux héros du texte d'accueillir la mort plus vaillamment que les autres. Au contraire, la peur de mourir semble hanter bien des personnages du récit, et plus ils sont grands, plus leur attachement à la vie semble solide. Ainsi, dans la Bible, le plus célèbre et le plus sage des hommes, celui qui a vu Dieu « face à face » et ne peut certainement pas douter de son existence, cet homme-là est précisément celui qui refuse de mourir, et dont la peur de disparaître est la plus puissante.

C'est l'histoire d'un homme nommé Moïse qui, comme vous et moi, et sans doute un peu plus que nous tous réunis, ne veut pas mourir. Voici le récit de sa disparition, tel que les sages et les commentateurs juifs ont choisi de la raconter.

Dans la Thora, la mort de Moïse ne fait l'objet que de quelques lignes, les toutes dernières du texte. Il y est simplement écrit qu'au pays de Moab, Moïse mourut « *sur l'ordre de l'Éternel. Il l'ensevelit (…) mais nul n'a connu sa sépulture jusqu'à aujourd'hui. Moïse était âgé de cent vingt ans, son regard ne s'était pas terni et sa vigueur n'était point épuisée*[1] ».

Le héros biblique meurt donc aux portes de la Terre promise. Il s'éteint comme tous les autres hommes, mais comme aucun autre avant lui. D'abord, parce que nul ne sait où il repose, ni vraiment qui creusa sa tombe. « Il l'ensevelit », dit le texte, mais qui

1. Deutéronome 34:5-10.

est ce « Il », sujet du verbe au singulier ? Les commentateurs affirment que Dieu en personne officia à ses obsèques. Jamais dans le récit biblique, le divin n'avait rempli de telles fonctions. Abraham fut enterré par ses fils, et Aaron par les dignitaires de son peuple. Mais nul service divin de pompes funèbres n'avait été proposé jusqu'alors.

Moïse meurt donc, comme tout le monde, et comme personne. Il a cent vingt ans mais est en plein contrôle de ses moyens. Son regard est vif et sa vigueur intègre, comme si la vieillesse n'avait aucune prise sur lui et que jusqu'au bout il était resté celui qu'il avait toujours été. Ce chiffre de cent vingt ans est devenu pour les juifs l'horizon absolu, l'âge que l'on espère atteindre. À chaque anniversaire, en référence à Moïse, on se dit « jusqu'à cent vingt ans », pourvu qu'on y arrive, pourvu qu'on gagne non seulement la longévité du plus grand des hommes, mais également ses conditions de décès.

Que sait-on précisément des circonstances de sa mort ? De quoi s'éteint donc un homme en pleine forme, quel que soit son âge ? Aucun médecin légiste ne saurait le dire, mais les commentateurs ont une piste solide et plus fiable qu'une autopsie : ils traquent la cause du décès dans un terme du verset. En hébreu, les mots ont généralement plusieurs significations, des sens pluriels, et pour les lecteurs minutieux de la Bible, aucun doute, Moïse est mort... d'un double sens.

Il s'est s'éteint « sur ordre de l'Éternel », dit le

verset, dans sa traduction la plus acceptée. Or cette expression en hébreu – *Al Pi Adonaï* – peut être traduite autrement : « sur la bouche » de l'Éternel. D'où la conclusion des sages : dans les plaines de Moab, au pied de la Terre promise, Moïse a quitté ce monde, embrassé par Dieu. Et dans ce baiser divin, il a rendu l'âme.

L'Éternel qui, dans la Genèse, avait soufflé dans les narines du premier homme Adam pour lui donner vie, reprend le souffle d'un autre homme aux dernières lignes du texte. Il récupère ainsi l'âme de Moïse, de la façon la plus tendre qui soit, et la mieux inspirée. Personne n'a, depuis lors, connu ce traitement de faveur et quitté ce monde dans une pareille embrassade, mais chacun se le souhaite.

On perçoit bien que les sages tiennent à tout prix à offrir à Moïse le plus doux des départs. Pourquoi cela ? Sans doute pour apaiser ce qui perturbe dans le texte tout lecteur empathique. Il s'agit d'adoucir une immense injustice.

La mort de Moïse, pour les commentateurs, est la plus grande d'entre elles et la plus inexplicable. Comment Dieu ose-t-il laisser son héros aux portes de la Terre promise, lui qui a sorti les Hébreux d'Égypte et les a guidés pendant quarante ans dans le désert ? Qu'a donc fait Moïse pour mériter une telle punition ?

La Thora suggère bel et bien une faute qu'il aurait commise : il aurait frappé à deux reprises une roche dans le désert pour en faire sortir de l'eau, et ce geste semble lui être reproché. Ne fallait-il donner aucun coup ? Ne le faire qu'une seule fois ? Aurait-il dû parler au rocher, prier ou passer son chemin ? Les interprètes s'affrontent sur cette question et certains vont jusqu'à dire que cette faute supposée de Moïse n'est qu'une excuse, et que Dieu n'avait jamais eu l'intention de le faire entrer en Terre promise. Son voyage devait s'arrêter là et sa mission prendre fin aux portes d'une destination qu'il ne devait pas connaître.

Pour bien des commentateurs, la mort de Moïse reste insoutenable. Dès lors, ils vont, dans leur littérature, lui « inventer » une révolte et faire de lui l'archétype de l'homme qui s'oppose jusqu'au bout à la mort.

Des dizaines de légendes juives, écrites à des époques différentes, décrivent tout ce que Moïse a fait pour tenter d'y échapper, son combat acharné contre une fin programmée. Toutes racontent à leur manière ce qui arrive à un homme, aussi grand et exceptionnel soit-il, quand sa disparition lui est annoncée.

Que se passe-t-il dans la tête de celui qui apprend qu'il va mourir ? À cette question, la littérature rabbinique esquisse des réponses quelques millénaires avant que la psychologie moderne ne propose les siennes.

À la fin du XXe siècle, de nombreux psychiatres entreprirent de décrire les différentes phases mentales que traverse un patient en phase terminale d'une maladie. Parmi les plus célèbres modélisations des émotions de fin de vie, figurent les théories d'Élisabeth Kübler-Ross. Selon elle, les patients à l'approche de la mort passeraient tous, plus ou moins, par les cinq mêmes phases : un temps de déni, suivi d'un mouvement de colère, puis d'une forme de négociation que le malade initierait juste avant que la dépression ne s'empare de lui. Et c'est seulement à l'issue de cette dernière phase que pourrait surgir une forme d'acceptation de la mort.

Déni, Colère, Négociation, Dépression et Résignation. Pour le dire autrement, la plupart des mourants diraient tour à tour et dans cet ordre : « il doit y avoir une erreur », « c'est tellement injuste », « laissez-moi au moins vivre jusque tel ou tel événement », « à quoi bon ? » et « je suis enfin prêt ».

Bien entendu, les spécialistes admettent aujourd'hui que ces descriptions sont extrêmement réductrices. Le parcours de chaque individu confronté à la mort est unique. Il n'est pas de standardisation possible qui résumerait l'étendue des émotions humaines ou une modélisation uniforme qui résumerait le parcours de tout homme qui s'apprête à mourir.

Par un étrange hasard, les légendes rabbiniques sur la mort de Moïse, rédigées dès les premiers siècles de notre ère, font écho à ces paliers psychologiques : elles semblent illustrer, une à une, chacune de ces possibilités. Elles envisagent quasiment, étape par étape, ce que le héros aurait traversé, à l'approche de sa disparition dans les plaines de Moab.

Ainsi, dans un célèbre midrash[1], Moïse est décrit comme refusant de croire à l'annonce qui lui est faite. Dieu a beau lui dire : « Tu n'entreras pas en Terre promise », le héros continue à croire en cette possibilité. Après tout, se dit-il, n'a-t-il pas déjà réussi à faire changer Dieu d'avis ? Dans le désert, l'Éternel avait juré d'exterminer les Hébreux après la faute du veau d'or, mais l'intervention de Moïse l'en avait dissuadé. Si Dieu a déjà changé ses plans par le passé, pourquoi ne le ferait-il pas à nouveau ? Dans son déni de la mort, Moïse semble convaincu que son intimité avec le divin lui offrira un salut, ou au moins un répit.

Dans une autre légende, la colère de Moïse explose. Pas question de mourir.

Dieu lui dit alors :

« Mais ton père et ton grand-père ne sont-ils pas morts avant toi ?

— Certes, répond Moïse, mais moi, j'ai fait de si grandes choses que je mérite de continuer à vivre.

— Qu'en est-il d'Abraham, Isaac, et ces grands hommes des générations passées, ne sont-ils pas morts avant toi, eux aussi ? demande Dieu.

— Certes, mais chacun d'entre eux, répond Moïse du tac au tac, a donné naissance à des enfants qui se sont égarés. Le monde qu'ils ont laissé était très imparfait. »

Moïse suggère que son chemin est plus exemplaire

1. Midrash Petirat Moshé.

et sa contribution au monde plus inédite. Voilà qui mérite une récompense. Dieu l'interrompt à son tour et lui rappelle un événement de son passé qu'il feint d'avoir oublié :

« Moïse, n'as-tu pas tué un Égyptien ? »

Et l'homme, ramené à sa culpabilité, la renvoie en boomerang vers un Dieu auquel il rétorque, avec un culot immense :

« Et toi, Éternel, qu'as-tu fait de tous les premiers-nés de l'Égypte ? »

Face à la mort, l'homme fait exploser sa colère et la tourne contre Dieu en personne. Les commentateurs le savent et sont aussi prêts à faire entendre cette voix, celle d'une humanité effrontée qui n'innocente pas Dieu de ses cruautés.

Dans une autre légende, c'est la conciliation et le marchandage qui s'expriment. Moïse propose au divin un marché, et tente de négocier la possibilité de rester en vie malgré tout. « Et si je pouvais vivre, même sous une autre forme ? interroge-t-il. Et si je devenais un oiseau, une biche, un cerf, qu'importe, une autre espèce vivante qui me permettrait de rester dans ce monde ? »

À bout d'arguments, Moïse s'effondre et la voix des légendes rabbiniques le raconte à travers une image. Il aurait un jour dessiné un cercle sur le sol et se serait assis à l'intérieur, pleurant et criant à qui voulait l'entendre que son chemin s'arrêterait là, qu'il n'allait plus en sortir.

C'est alors que Dieu lui soumet un dilemme :

« J'ai juré deux choses : que j'anéantirais ce peuple dans le désert après la faute du veau d'or, et que tu n'entrerais pas en Terre promise. Toi Moïse, tu m'as supplié de revenir sur ma première promesse et, grâce à toi, j'ai laissé aux Hébreux la vie sauve. Mais si tu me supplies maintenant d'annuler ma deuxième parole et de te laisser en vie, es-tu prêt pour cela à ce que je revienne sur mon premier revirement ? Serais-tu prêt à troquer ta survie contre celle de tout ton peuple ? »

Dans cette légende dramatique, Dieu fait comme s'il n'avait la possibilité d'annuler qu'une seule promesse, une seule occasion de se dédire et il place cette responsabilité entre les mains d'un homme. Il laisse Moïse choisir entre sa vie et celle des siens. Bien sûr, la scène est cruelle et profondément immorale. Mais c'est comme si, à travers cette création littéraire et ce scénario inventé, les rabbins reconnaissaient qu'il fallait aider Moïse à mourir, le mettre face à un choix qu'il ne pourrait qu'accepter, à moins de perdre à tout jamais sa grandeur.

Moïse va se résigner à mourir et sa résolution devient, dès lors, la condition du Salut de tout un peuple, la vie offerte à tous ceux qui lui survivent, qui lisent et commentent son histoire. En mourant, Moïse aurait pris à nouveau la décision de nous sauver.

La grandeur de ces récits rabbiniques tient, à mon

sens, non pas à l'immensité du héros qu'ils décrivent mais, au contraire, à son humanité absolue. Moïse fut un leader, un stratège, un combattant, un sage, mais il resta, jusqu'au bout, un homme qui connaît la peur et le doute, un être qui comme chacun de nous fait parfois preuve de mauvaise foi et d'orgueil, se laisse emporter par la colère ou le désespoir. Face à la mort, il tremble et implore. Sa peur est la nôtre et nul ne nous demande de faire mieux que lui. L'héroïsme, dès lors, n'est pas de cesser d'appréhender la fin, mais de toujours nous soucier, même du fond de notre terreur, de ce qui, à notre mort, survivra.

Quand Moïse se résout à mourir, Dieu lui demande de monter en haut d'une montagne, à la pointe d'un mont nommé Nebo, d'où il pourra observer la Terre promise, à distance, avant de quitter ce monde. Le nom de cette montagne vient peut-être en hébreu d'une racine qui signifie « prophétie », à moins qu'il ne soit un emprunt à une divinité mésopotamienne, le dieu Nabu, révéré dans cette région à l'époque biblique. Dieu du savoir et de l'écriture, son symbole était le calame et la tablette, outils de la transmission écrite.

J'aime l'idée que la Bible hébraïque, dans son combat acharné contre l'idolâtrie et les divinités païennes, ait fait mourir son héros sur une montagne vouée au dieu de l'écriture, et laissé cette trace païenne dans l'histoire des juifs qui se transmettent ce texte en méditant sur la mort.

Parmi toutes les légendes sur la fin de Moïse, la plus célèbre est celle qu'il nous faut maintenant conter[1], celle qui dit mieux que toutes les autres ce qui permit un jour au plus grand des hommes de la Bible de mourir, serein et rassuré, en haut d'une montagne où il avait grimpé.

Les sages se transmettent précieusement par écrit cette histoire dans un traité du Talmud et demandent à chaque génération de l'étudier.

Il est dit qu'un jour, Moïse escalada une montagne, et trouva Dieu tout en haut, occupé à une étrange activité. L'Éternel était affairé à dessiner sur les lettres de la Thora des petites pointes, comme de fines branches posées à leurs sommets. On voit jusqu'à aujourd'hui ces petites formes calligraphiées sur les parchemins, dans toutes les synagogues du monde, de petites couronnes qui semblent orner des mots comme des épines, sur les rouleaux de la Thora. Mais nul ne sait précisément ce qu'elles enseignent et racontent.

Lorsqu'il aperçut Dieu en haut de la montagne, un calame à la main – en train d'illustrer avec précaution les lettres d'une Thora, Moïse ne put s'empêcher de lui demander :

« Mais pourquoi perds-tu ce temps au lieu de donner aux hommes la Thora dès maintenant ? À quoi bon attendre d'y placer ces petites fioritures insensées ? »

1. Talmud, MenaH'ot 29b.

Et Dieu répondit à son serviteur :

« Sache qu'un jour, dans très longtemps, un homme viendra au monde, et sera capable d'interpréter chaque petite pointe, de commenter et proposer des lectures magnifiques au sujet de chaque petite branche que je place là. »

Moïse supplia Dieu de le laisser rencontrer ce prodige, de lui faire voir qui serait cet homme si talentueux qui surgirait un jour. Dieu fit alors pour Moïse un miracle, et lui dit : « Retourne-toi ! »

En regardant derrière lui, Moïse fut en un instant transporté des siècles plus tard, dans une maison d'étude où un maître extraordinaire, Rabbi Akiva, expliquait à ses élèves le sens de chacune de ces petites pointes calligraphiées, au sommet des lettres de la Thora. Assis tout au fond de la classe, Moïse écoutait, émerveillé, sans comprendre un mot de ce qui était enseigné. D'où pouvait venir cette sagesse que lui, l'homme qui avait reçu la Thora au mont Sinaï des mains de l'Éternel, ne connaissait pas ? Cette question fut précisément posée au maître.

« D'où tiens-tu cette sagesse ? Qui te l'a confiée ? », demanda un des élèves de la classe. Et le maître répondit sans hésiter : « Cette sagesse fut un jour donnée à Moïse au mont Sinaï, au jour de la Révélation, et c'est lui qui nous l'a transmise. »

Moïse se sentit apaisé. Peut-être que ce jour-là, et pour la première fois de sa vie, il fut prêt à envisager la mort.

Tout est dit ou presque dans ce texte : l'angoisse d'un homme de ne pas être à la hauteur, la peur de mourir avant de savoir. Il révèle aussi ce qui pourrait permettre à un homme de partir en paix, et d'apprendre à mourir. Moïse a reçu la Thora au mont Sinaï mais, bien après lui, surgirent des hommes capables d'interpréter ce que lui ignorait. Ces érudits en savaient davantage mais continuaient à dire que ce qu'ils détenaient, ils le lui devaient.

Pour le dire autrement : Moïse a transmis à son peuple une sagesse, sous la forme de lettres qui pourront pousser, exactement comme les pointes mystérieuses qui les ornent. Ces branches qu'il a transmises au monde grandiront au-delà de lui. La vie de Moïse porte en germe ce qu'un jour, ceux qui se réclameront de lui parviendront à faire pousser.

Et chaque génération, parce qu'elle vient après une autre, grandit sur un terreau qui lui permet de faire pousser ce que ceux qui sont partis n'ont pas eu le temps de voir fleurir.

Telle est la clé de la transmission que Dieu révèle à Moïse, un calame à la main, tout en haut d'une montagne de prophétie qui porte le nom d'une divinité ancienne de l'écriture. Il dit au plus grand des hommes : certes, tu vas mourir, mais tes enfants feront pousser ce qui n'est encore que la trace fragile laissée par ta vie. La grandeur de ton existence et de ton enseignement reste à être révélée, à travers ceux qui viendront après toi.

En comprenant cela, Moïse put trouver la sérénité et il fut prêt à accepter ce qui lui faisait si peur.

Dans cette légende, se tient presque tout ce que le judaïsme pourrait enseigner sur la mort. Est-il possible d'apprendre à mourir ? Oui, à condition de ne pas refuser la peur, d'être prêt, comme Moïse, à se retourner pour voir l'avenir. L'avenir n'est pas devant nous mais derrière, dans les traces de nos pas sur le sol d'une montagne que l'on vient de gravir, des traces dans lesquelles ceux qui nous suivent et nous survivent liront ce qu'il ne nous est pas encore donné d'y voir.

Les juifs affirment qu'ils ne savent pas ce qu'il y a après notre mort. Mais ils pourraient le formuler autrement : après notre mort, il y a ce que nous ne savons pas. Il y a ce qui ne nous a pas encore été révélé, ce que d'autres en feront, en diront et raconteront mieux que nous, parce que nous avons été.

ISRAËL

« Béni soit celui qui fait revivre les morts… »

Il est arrivé chez moi, boulevard Herzl, en fin d'après-midi, et nous avons immédiatement pris la route pour Tel-Aviv. Il était peut-être dix-huit heures, la sortie de Jérusalem était déjà encombrée de trafic. Les bouchons ont commencé dès le premier virage de la voie rapide. Je me suis demandé combien d'autres personnes dans ces voitures se rendaient au même endroit que nous, ce soir-là, et si à cette vitesse, nous avions la moindre chance d'arriver à temps.

Depuis plusieurs jours, nous avions minutieusement planifié l'organisation de ce samedi soir : le timing du départ et le meilleur endroit pour se garer, le temps qu'il nous faudrait pour rentrer en tenant compte des encombrements de fin de soirée, et même l'heure à laquelle il faudrait être de retour pour qu'il puisse se reposer un peu, avant de repartir le lendemain matin à la base militaire.

L'autorisation de sortie lui avait été accordée par son unité, et il était venu me chercher, habillé en civil, avec juste un pistolet discrètement glissé dans sa ceinture. Nous nous sommes embrassés et, presque sans un mot, mis en route. Dès la sortie de la ville, notre conversation a un peu repris. Je me souviens d'ailleurs m'être fait la réflexion que nous ne parlions dorénavant plus qu'hébreu entre nous.

Pendant tout le début de notre histoire, l'anglais nous avait offert un terrain neutre, il était comme la Suisse de nos premiers échanges. Puis, pendant plusieurs mois et finalement près de trois ans, nous avions oscillé entre les langues et construit des phrases qui mêlaient les influences. Avec de plus en plus d'hébreu, et toujours quelques mots en français, je lui lançais : « Fais attention à toi, *motek sheli*[1], please », quand il repartait à la base. Je ne savais presque rien de son quotidien de soldat, mais m'inquiétais pour lui dans toutes les langues.

Ce soir-là, j'ai réalisé que l'hébreu avait eu raison de notre tour de Babel amoureuse. Dorénavant, nous échangions uniquement dans cette langue, et probablement moins qu'avant. Peut-être est-ce le sort de tous les couples : à force de parler le même langage, on finit par vraiment se comprendre. La fin du malentendu signe la fin de bien d'autres choses encore.

---

1. Mon chéri.

Après quelques années ensemble, nous avions purifié notre communication, croyant nous débarrasser des influences étrangères. À cette époque, je n'avais pas encore réfléchi à ce mensonge, et il me faudrait des années pour le saisir. Pour savoir qu'aucune langue n'est pure, et l'hébreu un peu moins que les autres.

Dans cette langue qui a su renaître de ses cendres, se mêlent des voix plurielles qui prétendent qu'elles sont neuves ou originelles. Mais c'est un langage sous influence, colonisé par une histoire douloureuse. Il a eu beau gagner son indépendance et revenir à la vie dans une version moderne, il est un territoire occupé par des univers étrangers qui le hantent. Peu de langues, me semble-t-il, comptent autant de mots issus d'une racine étrangère, des greffes d'origines lointaines qui ont oublié qu'elles venaient d'ailleurs.

Les mois de l'année hébraïque sont tous tirés du calendrier babylonien, de nombreux mots y sont dérivés du grec ancien ou de l'allemand, et même la religion qui, comme chacun sait, pèse lourd dans cette région du monde, est un mot qui n'existe pas en hébreu. On la désigne par le terme *Dat*, en faisant mine d'ignorer qu'on utilise un mot persan.

Parler hébreu revient souvent à raconter quelles civilisations les juifs ont croisées, à reconnaître la trace de ce qu'ils ont emprunté, ou de ce qui leur a été imposé. Dis-moi où tu fus exilé, par qui tu fus dominé, qui a essayé de te tuer et je te dirai quelle langue tu parles. L'hébreu « pur » est toujours polyglotte, et plus que tout, stratifié. Il accumule les couches d'influence qui l'ont façonné. Bien sûr, on peut dire cela de toutes les langues, mais la résurrection de celle-là rend le phénomène plus flagrant encore.

Au troisième virage de la route principale, à la sortie de Jérusalem, la terre change un peu de couleur et d'autres sédimentations apparaissent. Le paysage se couvre de petites pierres blanches, aux formes carrées, qu'on aperçoit de très loin et par dizaines de milliers. Ce sont des tombes.

La voie rapide longe l'immense cimetière de Giv'at Shaoul, nécropole messianique de tous ceux qui y attendent impatiemment la rédemption qui ne saurait tarder. Le Messie est légèrement retardé par les bouchons de la route nationale, mais il sera bientôt là. Il arrive, c'est promis, disent les pancartes, à l'effigie d'un rabbin, qu'on dit mort… mais peut-être pas.

Et tout comme les traces des langues étrangères dans celle que l'on parle ici, il y a dans ces cimetières des empreintes d'horizons pluriels, la réunion de défunts venus du monde entier, et qui ont exprimé dans toutes les langues la volonté d'y reposer. De toute la planète, on a rêvé d'être enterré aux portes d'une ville à nulle autre pareille, celle où le Messie a promis de faire son premier arrêt.

Chaque jour dans la prière, les juifs disent : « Béni sois-Tu, Éternel, qui fais revivre les morts. » La foi en une résurrection à venir met Jérusalem en son cœur. Du monde entier, on vient ici l'attendre, car selon la légende, à l'heure de la rédemption, quand s'ouvriront les tombeaux de ceux qui reviennent à la vie, ceux-là seront les premiers servis. S'endormir à Jérusalem, c'est s'assurer que la nuit sera courte, en tout cas plus courte qu'ailleurs. Et qu'on fera partie des premiers réveillés.

J'avoue n'avoir jamais compris comment Israël pouvait être, pour tant de gens, le pays où l'on vient mourir ou être enterré. À l'époque, je le comprenais encore moins. Israël était le pays où, à l'aube de ma vie d'adulte, j'avais choisi de venir vivre, le pays de l'avenir et du début de l'histoire. C'était l'endroit qui permettait précisément de quitter les cimetières, ceux de l'Europe dont je ne parvenais pas à me défaire.

Israël était le nom d'une promesse et d'un refuge, la possibilité d'un recommencement. Ce pays disait : la résurrection est possible, non pas après la mort individuelle, mais après l'expérience collective de tout un peuple que les nations de l'exil n'ont pas pu, ou voulu, sauver. Israël disait que cela n'arriverait plus, car la suite de l'histoire était entre nos mains. Il s'agissait de quitter le continent des tombes et des morts laissés sans sépulture, pour prendre la route d'une promesse ancestrale. Aller vers la vie.

Sur cette route où nous roulions ce soir, entre Jérusalem et Tel-Aviv, Israël n'était finalement ni une langue ni un sol, mais avait pour moi les traits d'un homme, celui qui conduisait. Il était un juif tel que je n'en avais jamais rencontré avant de venir ici. Il avait quelque chose de complet et d'authentique, un savoir un peu paysan et une coupe militaire, à mille lieues de l'expérience juive de mon enfance diasporique.

Il y avait dans notre rencontre tous les clichés qui opposent une enfant de diaspora à un parfait « sabra », comme on appelle ici les enfants du pays. J'étais l'exilée et il était planté dans la terre. Enfant du kibboutz, il peinait à croire que j'en savais si peu sur la nature, et il me semblait, de mon côté, qu'il était l'homme le plus ignorant de notre histoire et de ses drames que j'aie rencontré, un vrai juif enraciné.

Malgré l'étrangeté de son monde, il y avait bien dans son langage une mélodie ancestrale qui m'était familière. Elle était chantée avec un accent qui lui donnait une tonalité exotique. C'était la musique messianique qui a toujours hanté notre histoire, ce noyau d'espoir qui a fait dire à tant de juifs et dans des contextes très différents : « Il pourrait en être autrement. » Résonnait en lui une version ultra-laïque de cette rengaine, héritage à la fois mystique et athée que le sionisme des débuts avait placé en lui dès sa naissance.

Dans l'énoncé d'une utopie humaniste, les premiers sionistes empruntèrent, dans un contexte profane, les mots d'un vocabulaire religieux ancestral. Dans une liturgie athée où Dieu n'avait strictement aucune place, ils ont chanté la rédemption de la terre, la réparation du monde, et le jubilé à l'horizon de toutes les servitudes. Leurs prêtres antireligieux ont revisité les eschatologies des prophètes, et donné un écho aux textes enfouis dans les cendres des maisons d'étude de Lublin, Lodz et d'ailleurs. Ils ont transposé les mots des livres sur une terre où des fruits devraient pousser, et des fermes se construire.

La création d'Israël s'est donc racontée comme une prophétie biblique, par la voix d'hommes qui réclamaient justice et promettaient à d'autres hommes de se relever. Elle a porté les échos d'Isaïe et d'Ézéchiel, les promesses que de la chair repousserait sur des os desséchés, et que vers Sion, les regards seraient tournés. Ces légendes furent racontées par des hommes, non seulement détachés de ces lectures synagogales, mais viscéralement opposés à toutes les orthodoxies dogmatiques qui les avaient portées. La langue de la renaissance laïque d'Israël bruissait de sons familiers d'un messianisme ancestral. En le sécularisant, elle croyait l'avoir neutralisé.

« Ce ne sont que des images », disaient les bâtisseurs, « des allégories, des mythes... », convaincus que les mots ne sont pas vivants, qu'ils servent juste à dire la réalité, comme un outil qui n'existe que par l'usage qu'on en fait. Ne savaient-ils pas que le langage a le pouvoir de créer des mondes et les détruire ? Il en est ainsi depuis la Genèse, et surtout quand on parle en hébreu.

Ces hommes ne croyaient pas plus à la résurrection des morts qu'à celle des mots et ils avaient tort. Car ces derniers savent sortir de leur tombe, bien avant les hommes qui les ont prononcés, et bien avant que le Messie n'arrive. Il se pourrait bien qu'à Jérusalem, ils soient les premiers à se réveiller.

J'ai appris cela d'un très grand homme qui enseignait dans cette ville la Kabbale, un sioniste d'avant-garde, immense érudit de la mystique juive, qui s'appelait Gershom Scholem. Un jour de 1926, il écrivit une lettre à un ami nommé Franz Rosenzweig. Près d'un siècle plus tard, nous ne faisons que commencer à déchiffrer ce courrier.

Scholem y raconte la renaissance de l'hébreu qui lui est si cher, et il écrit :

« Cette langue sacrée dont on nourrit nos enfants ne constitue-t-elle pas un abîme qui ne manquera pas de s'ouvrir un jour ? Certes, les gens d'ici ne savent pas ce qu'ils sont en train de faire. Ils croient avoir sécularisé la langue hébraïque, lui avoir ôté sa pointe apocalyptique.

Mais bien sûr, ce n'est pas vrai; la sécularisation de la langue n'est qu'une façon de parler, une expression toute faite. Il est impossible de vider de leur charge des mots bourrés de sens, à moins d'y sacrifier la langue elle-même... Si nous transmettons à nos enfants la langue telle qu'elle nous a été transmise, si nous, génération de transition, ressuscitions le langage des vieux livres pour qu'il puisse à nouveau leur révéler leur sens, ne risquerions-nous pas de voir un jour la puissance religieuse de ce langage se retourner violemment contre ceux qui le parlent ? Et le jour où cette explosion se produira, quelle sera la génération qui en subira les effets[1] *?»*

En 1926, un homme qui vit dans un pays qui n'est pas encore un État mais qui se veut un refuge pour tous les juifs menacés, écrit à un autre homme qui habite, lui, dans un pays très organisé qui s'apprête à assassiner méticuleusement les juifs traqués. Pourtant, c'est le premier qui dit à l'autre : méfions-nous du langage. Écoutons la violence ancestrale qui dort dans les mots. Sommes-nous certains qu'en eux ne se cache pas une bombe que nous ne saurons pas désactiver ?

Gershom Scholem, puissamment sioniste, pense à raison que l'avenir est là où il se trouve, et non en Allemagne. Il le sait mais il est tout de même prêt à

1. Voir la retranscription de la lettre de G. Scholem dans *L'Ange de l'Histoire*, de Stéphane Moses, Le Seuil, Paris, 1992.

percevoir une menace à laquelle son refuge l'expose. Il affirme avec humilité que son utopie, en sauvant les corps juifs de la mort, pourrait bien aussi ouvrir une boîte de Pandore, celle de la parole.

Et si, interroge-t-il, en s'imaginant rendre profane un langage ancestral, religieux et apocalyptique, on enclenchait un processus inévitable, le retour de la violence messianique ?

En quittant Jérusalem dans la direction de Tel-Aviv, en ce soir de novembre 1995, dans ma conversation tout en hébreu, avec un homme élevé dans cette langue, laïc, antireligieux et armé, je n'entendais pas encore le tic-tac de la bombe. J'étais à des années-lumière d'imaginer qu'elle allait exploser, non pas quelques générations plus tard, mais le soir même. Dans près de deux heures, résonnerait une puissante détonation et nous deviendrions « la génération qui en subirait les effets ».

Le compte à rebours avait débuté bien plus tôt. Il suffisait de tendre l'oreille pour le percevoir, et entendre les tirs en rafales de son arrivée imminente. Nous jouions sans doute aux sourds. Un an et demi auparavant, au jour du carnaval juif de Pourim, un homme drapé dans sa haine et armé d'un fusil en avait assassiné vingt-neuf autres, en prière, au caveau des patriarches, à Hébron.

Dans son geste et à coups de mitraillette, tentait-il de réveiller Abraham, Isaac et Jacob, de leur repos éternel pour qu'ils assistent à la scène ? N'avait-il pas déjà convié Esther et Mordeh'ai, les héros de cette journée dans le calendrier juif, ceux-là mêmes qui dans leur livre biblique invitent leur peuple à se venger violemment de ses oppresseurs ? Toute une littérature messianique se joignait à la fête pour propulser la fin du monde. C'était écrit, il restait à le faire.

L'assassinat de vingt-neuf musulmans en prière par un extrémiste juif fut condamné par tout un pays, révulsé. Et ceux qui saluèrent le geste du tueur furent regardés comme une poignée d'illuminés, des rabbins intégristes qui ne représentaient rien, et vivaient dans des livres qu'il suffisait, se disait-on, de garder bien fermés. Qu'importe que ces ouvrages soient encore lus et interprétés dans les bibliothèques de quelques maisons d'étude fanatiques, tout cela semblait anecdotique.

Tout comme nous semblaient l'être ces liturgies qu'on entendait à nouveau résonner. Ces dernières semaines, de vieux livres avaient été rouverts, de très anciennes prières convoquées. Des voix de rabbins s'étaient même élevées sur des places publiques pour les prononcer.

Cette fois-ci, les mots étaient énoncés contre un homme juif qu'au nom des patriarches et des héros des livres, d'Esther, de Mordeh'ai et de tous les autres, il s'agissait à tout prix d'arrêter. Furent ainsi lues, ici et là, et même devant des caméras de télévision, des prières mystiques, écrites en araméen. Des mots qui, selon ces extrémistes, avaient le pouvoir de tuer. Selon la légende, ils pouvaient provoquer la mort de celui contre qui ils étaient dirigés.

« Pfff, rien que cela ? », se disait-on, en les écoutant marmonner et en haussant les épaules avec mépris. Mais depuis quand les mots tuent-ils ? Quel pouvoir ont ceux de quelques illuminés, contre la force démocratique d'un pays puissant et organisé ?

Ils furent pourtant prononcés contre un homme qui s'appelait Itsh'ak Rabin, Premier ministre de l'État d'Israël, celui-là même avec lequel nous avions rendez-vous ce soir-là.

Nous sommes entrés dans Tel-Aviv, il y avait là beaucoup de monde. Impossible d'approcher en voiture de la place où se tenait la manifestation. Nous nous sommes garés bien plus loin que prévu, et nous avons suivi le flot qui nous guidait dans le dédale de la ville blanche. Dans la rue Ben-Yehouda, l'homme qui ressuscita l'hébreu, apparurent les premières pancartes. Sur le boulevard Arlozoroff, l'homme qui fut assassiné là un soir, la foule devint compacte. Et dans la ruelle Ha-Kalir, l'homme dont les poèmes sont immortels, on nous distribua des autocollants. Sur ce chemin de morts dont la mémoire est vive, nous avons commencé à entendre résonner les voix des manifestants.

« Le peuple veut la paix », criaient-ils, et nous avons repris ces slogans. Pourtant, nous le savions, comme on le sait partout ailleurs dans le monde quand on fait preuve d'un minimum de bonne foi : dès qu'un slogan commence par les mots « Le peuple veut... », « Le peuple pense... » ou « Le peuple dit que... », c'est toujours un mensonge partiel qui s'énonce. Car si le peuple parlait d'une seule voix, ou aspirait à l'unisson, il ne serait pas là pour le scander à pleins poumons, à une partie du peuple qui n'est pas lui.

Sur l'esplanade centrale qui portait encore ce soir-là le nom de « place des Rois », nous nous sommes faufilés. Bientôt les Rois disparaîtraient de ce lieu, et l'esplanade porterait le nom de celui que nous attendions. Mais qui l'aurait imaginé alors ?

Peut-être qu'un spécialiste de la pensée juive aurait pu nous avertir. Après tout, dans la Bible, les rois ne font jamais de vieux os, et les royaumes se disloquent. Ils s'effondrent toujours dans la violence et laissent place au chaos. L'un d'entre eux a un jour déclaré, dans un des livres sacrés : « Vanité des vanités, tout n'est que vanité [1] » et dans ce même texte, il nous a mis en garde : rien ne dure, ni les rêves, ni les empires, ni les amours. Le roi Salomon savait bien que rien n'est éternel, mais s'imaginait-il qu'un jour son

1. Voir le livre de l'Ecclésiaste (I:2), composé selon les rabbins par le roi Salomon.

adage s'appliquerait à une place qui commémore les royaumes d'Israël ? Elle aussi allait tomber.

Nous avancions tous les deux sur l'esplanade des Rois, pour rejoindre ceux qui nous y attendaient, les autres soldats de son unité qui partageaient tous, à peu près, les mêmes convictions que nous, et des amis de longue date habitués à ces manifestations de la gauche. Nous avons chanté, puis entendu quelques discours.

Enfin, Rabin est monté sur scène, et cette foule immense s'est tue pour l'écouter. Je me souviens de ses mots. Je crois qu'ils m'ont marquée parce que je les entendais aux côtés d'une jeunesse militaire qui parlait de paix, une arme à la ceinture. Et moi qui n'étais pas et ne serais jamais soldate, il me semblait soudain que j'avais rejoint un briefing d'officiers supérieurs, qui préparait une opération périlleuse.

Il a dit : *« J'ai servi dans l'armée pendant vingt-sept ans. J'ai combattu tant qu'aucune chance ne semblait réservée à la paix. J'ai la conviction aujourd'hui que la paix a ses chances, de grandes chances. »*

Et puis, nous l'avons entendu chanter, un chant devenu célèbre parce qu'il fut son dernier. Mille fois répété depuis, cet hymne fait parler les morts. Étrange prémonition.

Le Chant de la Paix affirme que ceux qui sont partis peuvent s'adresser à ceux qui vivent encore, et leur dire : N'essayez pas de nous réveiller, faites plutôt venir la paix, et vivez.

Rabin a chanté avec une maladresse touchante: «*Mi asher kava nero* – Celui dont la lumière s'est éteinte et qui est inhumé dans la poussière, aucun pleur ne le réveillera ni ne le fera revenir... *Ish otanou lo yashiv* – Personne ne nous fera ressusciter, ni revenir des profondeurs obscures. Et ici, ne nous seront d'aucun secours les chants des victoires, ni les louanges de la prière. Faites simplement venir la paix, et résonner le chant de son arrivée.»

La dernière chanson de Rabin affirme que ce qui est mort est mort, et qu'il n'est pas de temps à perdre en projet de résurrection. Elle dit que l'heure n'est pas à ressusciter les disparus mais à réveiller les vivants. Elle dit aussi l'inutilité des prières, et la vanité de l'orgueil nationaliste.

À quelques minutes de sa mort, Rabin ne pouvait savoir qu'une chanson populaire réfutait, point par point, toute la théologie de son assassin, et l'élan messianico-nationaliste qui armait sa main.

Tic-tac, cliquetait la bombe. Mais, à la fin de la mélodie, Rabin était encore vivant. Très vite, nous avons quitté la place pour éviter la foule, et les mouvements de sa dispersion.

Tout semblait normal, très calme. Nous avons repris la route qui mène de Tel-Aviv vers l'autoroute de Jérusalem. Le trafic était fluide. Nous avons bifurqué à l'embranchement de «Kibboutz Galouyot», la bretelle d'autoroute qui porte en hébreu le nom du « Rassemblement des exilés ».

Je ne sais pas si ce panneau y fut pour quelque chose, mais je me souviens d'avoir alors pensé à mon exil, et à ce qui, dans ce pays que j'aimais tant, me resterait à tout jamais étranger. J'ai pensé à cette jeunesse aux côtés de laquelle je m'étais tenue ce soir, à tout ce qui ne rassemblerait jamais nos expériences en une unité. « Le peuple veut la paix », mais chacun veut autre chose, et vient-on jamais à bout de sa solitude ?

J'ai aussi pensé que je n'étais plus sûre d'aimer cet homme, et que ce monde que nous avions construit ensemble depuis trois ans pourrait renvoyer chacun de nous en exil, qu'il faudrait cesser de dire « nous », et accepter de retrouver ce qui fait de chacun un étranger pour l'autre. Quelque chose dans nos vies s'était installé, et la sédentarisation avait fini par nous faire oublier l'étrangeté qui nous avait permis de nous aimer.

Nous avons roulé en silence, paisiblement. La paix est parfois étouffante, quand elle raconte, sans bruit, l'orage à venir.

Lorsque, à l'horizon, sont apparues les collines de Jérusalem, et que le chemin a commencé à monter, comme toujours nos oreilles se sont un peu bouchées. J'ai envoyé un peu d'air dans mes tympans. Il a allumé la radio et la déflagration a tout emporté sur son passage. J'aurais voulu ne plus jamais rien entendre.

La détonation avait la voix d'un homme, celle d'Eytan Haber, porte-parole du Premier ministre. Quatre mots en hébreu parvinrent à mes oreilles encore bouchées. J'entends aujourd'hui encore leur réplique interminable :

« Memshelet Israel modia betadhema »...

« Le gouvernement israélien annonce avec stupeur »... la mort de son Premier ministre. À la radio, des hurlements couvrirent sa voix. Les nôtres stoppèrent la voiture, au bord d'une route, tout près d'un village nommé Motza. C'est là, à Motza, ce lieu qui en hébreu signifie « l'issue », que pour moi, il est mort. Ni sur une place de Tel-Aviv, ni à l'hôpital où il fut transporté, mais sur une colline de Jérusalem, au bord d'un village. Mon rêve a cessé de respirer, et avec lui, mon amour. Mon sionisme s'est trouvé dans une impasse, au point mort.

À Motza, j'ai déposé un rêve comme on pose une valise à terre, en se demandant ce qui y pèse si lourd. Je me suis demandé ce que j'avais placé dans cet amour et dans cette utopie, dans ce voyage qui m'avait menée si loin de là où j'étais née.

J'y ai vu ce que m'avaient transmis les générations précédentes, les projets avortés de ceux qui m'avaient donné naissance, des résidus d'espoir brisés que j'aspirais à réparer, des langues mêlées, et tout ce que j'avais tenté de fuir. Comme dans une histoire d'amour qui s'achève, où l'on perçoit soudain quelle faille on a chargé l'autre de colmater, quelles illusions nous ont permis d'aimer, j'ai ouvert les yeux à une autre réalité. J'ai su que par la mort de Rabin, mes désarrois sioniste et amoureux ne feraient qu'un.

Je ne me souviens plus exactement de ce qu'il s'est passé ensuite, après les larmes, et tous ces sanglots qui nous étouffent, les nuits blanches, la boule au ventre, le gouvernement d'Israël et sa stupeur.

Me revient simplement en mémoire le jour de ses funérailles. Le monde entier semblait avoir fait le déplacement, pour venir enterrer un homme et glisser un processus de paix dans son cercueil. La circulation à Jérusalem s'est arrêtée. Toutes les rues ont été bloquées pour permettre aux convois officiels de traverser la ville. Depuis la fenêtre de mon appartement, j'étais aux premières loges pour voir passer les voitures des chefs d'État, et tenter de deviner quels pays venaient tour à tour présenter leurs condoléances.

La cérémonie a eu lieu tout au bout du boulevard Herzl où je vivais, au cimetière du même nom, où repose le père du sionisme. Je ne suis pas sûre qu'il aurait apprécié l'idée que la route qui commémore à Jérusalem son histoire et son projet mène tout droit à des tombes. Aux côtés de la sienne, se trouvent celles de tous les chefs de gouvernement et présidents d'Israël, de tous ceux qui ont trouvé là le repos éternel, et qui attendent bien sûr que le Messie, auquel ils ne croient pas, vienne les réveiller. Que lui diront-ils alors, en découvrant ce qui, de leur rêve, fut créé ?

Vingt-cinq ans se sont écoulés depuis l'assassinat. Peu de temps après cette nuit, j'ai quitté cet homme, et peu après, ce pays, et j'ai appris à vivre avec ce chagrin d'amour.

Mais pas un instant, je n'ai cessé d'être sioniste, tout en acceptant que pour moi, depuis cette nuit, ce mot soit un peu mort. Il est plus exactement devenu ce que les Américains appellent *lost in translation*, un terme qui ne tolère aucune traduction univoque. Essayez de le clarifier et il s'éteint pour se réincarner ailleurs.

Un soir de novembre 1995, j'ai compris que mon sionisme et celui de l'assassin d'Itsh'ak Rabin avaient si peu à voir l'un avec l'autre qu'ils ne pouvaient sans doute plus continuer à porter le même nom, mais je n'en avais aucun autre à proposer.

Rabin fut assassiné par un sionisme de propriétaire, un nationalisme messianique qui voit dans la terre le signe de la rédemption promise. Aux yeux du tueur, il fallait à tout prix empêcher un homme de donner à d'autres hommes des terres qui nous appartiennent à tout jamais. Aucun de ces territoires ne pouvait être perdu, même contre la paix, car Dieu nous les a attribués, par texte interposé. Et les rendre irait contre Sa volonté.

Paradoxe suprême : pour les garder, il fallait assassiner l'homme qui, en tant que chef d'État-Major, les avait, en six jours seulement, placés sous notre autorité. La guerre de 67 et le vent de messianisme qu'elle a fait souffler avaient élevé une génération de propriétaires qui, en 1995, se considérait assez grande pour gérer l'héritage.

Ce sionisme qui n'est pas le mien invoque pour se tenir là une promesse ancestrale, un droit inaliénable de propriété, et la force d'un cadastre biblique. « J'ai promis cette terre à vos pères, Abraham, Isaac et Jacob », répètent-ils pour s'y sentir un peu plus chez eux.

Mon attachement à Israël est aux antipodes de cette propriété. Et pourtant, il me semble qu'il est tout autant nourri de promesses bibliques et d'idéal prophétique. Il s'abreuve d'autres mises en garde du texte, notamment de toutes celles où Dieu dit aux Hébreux : ne rendez pas un culte à Baal, la divinité païenne de la propriété. Souvenez-vous que « cette terre est à moi », dit l'Éternel, et que vous y êtes, tel Abraham, uniquement des « résidents étrangers » chargés d'y mettre en place la justice et l'équité. Et cette non-propriété fonde votre pleine légitimité à vous y trouver.

Mon sionisme est, à tout jamais, nourri d'exil, de non-appartenance, de conscience de tout ce que l'histoire de cette terre, exactement comme cette langue, doit à sa rencontre avec les autres, avec l'étrangeté qui la fonde et qui continue de parler en elle.

L'absolue légitimité d'un peuple à se construire et s'installer là vient du souvenir de la condition juive, dont la diaspora a, pendant tant de siècles, témoigné.

« Souviens-toi que tu fus esclave en Égypte », « Souviens-toi que ton père fut un Araméen errant », « Souviens-toi de ton propre passé idolâtre »..., répète la Bible aux Hébreux qui vont s'installer sur la Terre promise. Elle leur dit : n'oublie pas tout ce que tu dois à ton origine, qui n'est pas ici mais ailleurs. Ne t'imagine pas que cette terre est celle de ta naissance. Elle n'est pas une patrie au sens étymologique, car elle n'est pas la terre où sont nés tes pères, mais le lieu qui ne te fera pas oublier d'où tu viens, et qui dans le souvenir de l'exil, t'apprendra à aimer un autre que tu acceptes de ne jamais complètement comprendre, ni posséder.

Il est un sionisme qui est une conviction de sédentaire. Il en est un autre qui, comme une prière de nomade, rêve d'offrir en ce lieu un droit de séjour à l'étrangeté. Le premier n'est pas plus « diabolique » qu'un autre nationalisme, n'en déplaise à ceux qui en font l'objet d'une haine obsessionnelle. Avec Rabin, le second est peut-être mort. À moins qu'il n'ait, dès le départ, eu aucune chance réelle d'exister. Mais quand je pense à ce sionisme et au rêve qu'il portait, alors, plus que jamais, je veux croire à une idée juive ancestrale : celle de la résurrection des morts. Je veux espérer qu'il existe un possible retour à la vie des hommes, de leurs amours, ou de leurs idées. J'aimerais tant, de mon vivant, y assister.

Vingt-cinq ans se sont écoulés depuis la mort de Rabin et, contrairement à tout ce que j'aurais pu imaginer alors, je suis devenue rabbine. Ce jeu de mots que seul le français entend me fait sourire, presque autant que la conscience des surprises que la vie réserve en ses scénarios imprévisibles.

Vingt-cinq ans plus tard, je regarde mes enfants grandir en France, et j'entends mon fils me parler une langue que je reconnais, celle qui emprunte à tant de langages et porte en elle des sédiments d'histoire. Il me parle d'Israël et de sa volonté de partir y vivre un jour. Je l'écoute en silence. Je souris en pensant à un amour perdu dont il a retrouvé la trace, à un rêve presque mort qui a survécu en lui, à la façon dont ce qu'on croit presque disparu peut renaître ailleurs. Béni sois-tu, Éternel, qui fais revivre les morts.

EDGAR

« Suis-je le gardien de mon oncle ? »

... On fit donc une fosse, et Caïn dit « C'est bien ! »
Puis il descendit seul sous cette voûte sombre.
Quand il se fut assis sur sa chaise dans l'ombre
Et qu'on eut sur son front fermé le souterrain,
L'œil était dans la tombe et regardait Caïn[1].

Comme de nombreux écoliers, j'ai récité ces vers de Victor Hugo à l'âge où j'étais incapable de les comprendre. Instinctivement, ils me terrifiaient. Ils résonnent encore souvent dans ma tête lorsque je visite des cimetières. Je pense à celles et ceux qui les ont murmurés avant moi et qui reposent là. J'imagine ce qu'ils ont construit et laissé sur Terre – des villes et des murs, des tours et des souterrains, des enfants

1. « La conscience », poème de Victor Hugo.

et des espoirs – avant de descendre dans l'ombre, tel Caïn, « se faire voir » ailleurs.

Peu de vers décrivent de façon si puissante ce qu'est la conscience, et singulièrement la mauvaise, celle qui mène l'homme à se sentir épié en toute circonstance, où qu'il aille et jusque dans la tombe. L'œil le suit partout, et aucun asile ne lui offre de répit.

L'école enseigne encore ces vers, mais rares sont celles ou ceux qui, en les récitant, connaissent les détails du récit biblique dont ils s'inspirent. Dans les premières lignes de la Genèse, contrairement au poème d'Hugo, il n'est pas question d'un œil qui poursuit l'assassin, mais d'une bouche qui depuis la tombe le dénonce.

La Bible débute avec un récit fratricide. Elle raconte la naissance et l'histoire des premiers enfants du monde, fils d'Adam et Ève.

En accouchant de son aîné, Ève déclare : « J'ai acquis un homme avec l'Éternel [1] » et c'est ainsi qu'elle nomme son enfant, « Caïn », nom qui signifie « acquisition » ou « possession ». Dès qu'il voit le jour, le premier enfant du monde est possédé, par une mère, par Dieu, par un nom qui le détermine. Très vite, il développe un instinct de propriétaire et devient agriculteur : il est un homme qui plante, enracine et fait fructifier la terre. Caïn donnera plus tard naissance à une importante descendance qui à son tour

1. Genèse 4:1.

s'enracinera en bien des lieux. La Genèse décrit ses fils comme une lignée de bâtisseurs, des citadins aux talents multiples, qui maîtrisent l'artisanat et la métallurgie, manipulent les matériaux solides, tout ce qui dure sans s'éroder. Ses enfants fondent des villes, s'installent pour acquérir et transmettre. Le monde de Caïn est fait pour durer, contrairement à celui du frère qui voit le jour à ses côtés.

Juste après la naissance de son aîné, Ève enfante un autre fils auquel elle semble accorder bien peu d'importance. Elle le nomme Abel (Havel en hébreu), ce qui signifie littéralement « souffle évanescent » ou simple « buée ». Le cadet s'appelle « éphémère » et semble dire dès son apparition qu'il ne fait que passer. D'ailleurs, il devient berger de menu troupeau, c'est-à-dire nomade. Abel ne s'installe nulle part et ne connaît aucune propriété. Il marche sans destination et sans ancrage, mène quelques bêtes au pâturage, puis sort de l'Histoire aussi vite qu'il y est entré, assassiné par son frère.

Les circonstances du meurtre sont précisées dans la Bible : les deux frères font une offrande à l'Éternel, mais une attention divine est accordée à Abel et refusée à Caïn. Comment supporter cela ? Pourquoi un frère posséderait-il un privilège dont l'autre serait privé ? L'envie et le ressentiment poussent Caïn au crime. En hébreu, la jalousie se dit d'ailleurs *Kina*, une déclinaison du nom de Caïn (Kain). Seul celui qui vit pour acquérir peut jalouser l'autre au point de l'anéantir.

Abel meurt et disparaît sans laisser de trace. Il semble s'évaporer comme son nom mais en vérité il perdure ailleurs. Sa voix appelle le lecteur depuis les profondeurs du texte.

« Où est Abel ? demande Dieu à l'assassin, juste après le meurtre.

— Je ne sais pas. Suis-je le gardien de mon frère ? », dit Caïn, avec l'aplomb de celui qui bâillonne sa conscience et fuit sa responsabilité.

« Qu'as-tu fait ? poursuit l'Éternel. La voix des sangs de ton frère hurle vers moi depuis les profondeurs de la terre[1]. » La disparition d'Abel laisse une trace audible que le verset fait hurler. Sa voix crie depuis la tombe et Dieu l'entend. Les commentateurs juifs tendent eux aussi l'oreille et traquent cet appel dans un détail du texte : une formulation étrange. Pourquoi la voix qui hurle depuis les profondeurs de la terre est-elle celle « des » sangs d'Abel, au pluriel ? Abel en avait-il plusieurs ?

La légende rabbinique offre à ce détail une interprétation transgénérationnelle. Depuis la tombe, disent les sages, hurlent vers Dieu toutes les générations qui auraient dû naître à partir d'Abel. L'assassin

1. Genèse 4:9-10.

n'a pas simplement tué un homme, mais tous ceux à qui il aurait dû donner naissance, tous ceux qui auraient pu venir au monde après lui. Avec Abel, s'éteint un pluriel, c'est-à-dire tout ce qui aurait pu être. Chez Hugo, ces voix hurlantes prennent la forme d'un œil dans la tombe. Dans la Bible, elles s'échappent du sol et poursuivent Caïn. Elles sont l'appel de sa conscience que même la mort ne fera pas taire. Au-delà de sa vie, elles demandent à tous ses descendants, c'est-à-dire à chacun de nous, de faire face à la buée des existences passées, à tout ce qui aurait pu être et qui, parce qu'il n'a pas été, a laissé en nous des traces.

L'affrontement de Caïn et Abel dans la Genèse n'est donc pas simplement celui de deux frères. À travers eux, il oppose toujours et à chaque génération, ce qui dure à ce qui passe, ce que l'on voudrait permanent à ce que l'on sait éphémère, le « il est » au « il aurait pu être ».

Chaque visite au cimetière nous ramène à la genèse de cette histoire. Elle pose à celui qui ouvre l'œil ou tend l'oreille ces mêmes questions : Quelles traces ont laissées dans nos vies ceux qui sont partis ? Que portons-nous de ce qu'ils ont fait ou au contraire de ce qu'ils n'ont pas pu réaliser ? Que laisserons-nous, à notre tour, sur cette Terre où nous ne faisons que passer ? Nul besoin d'être un assassin pour connaître l'angoisse de Caïn : la peur de renoncer à ce qui semble acquis, et la terreur de se savoir évanescent.

J'étais toute petite lorsque j'ai vu un œil qui me fixait. Où que j'aille, il me regardait droit dans les yeux. J'avais beau tenter de l'éviter, il était toujours là. Cet œil était posé sur une toile, suspendu au mur de la salle à manger dans l'appartement de mes grands-parents. Sur un grand tableau, immense pour la petite fille que j'étais, un homme se tenait droit. Il s'appelait Edgar, et tous l'appelaient « l'oncle Edgar ».

Je ne savais rien de lui, si ce n'est qu'il était mort peu de temps avant ma naissance. Il avait été médecin : le tableau le représentait vêtu d'une blouse blanche de soignant, un vieux modèle de stéthoscope à la main. Enfant, ma curiorité s'aiguisait chaque fois que son nom était prononcé ; les adultes parlaient toujours de lui de la même manière, en évoquant son originalité, son esprit un peu rebelle, et suggérant à demi-mot qu'il avait été un grand séducteur. Avait-il séduit le peintre ou le ou la commanditaire de cette œuvre ? Edgar était-il lui-même à l'origine de cette réalisation ? Aimait-il son image au point de souhaiter la voir ainsi reproduite, plus grande que nature ? Je l'ignore.

Ce qui perturbait surtout la petite fille qui observait ce portrait, c'était la technique choisie par l'artiste. Comme la célèbre *Joconde*, l'oncle Edgar avait été dessiné de telle sorte qu'il vous suivait des yeux où que vous vous trouviez dans la pièce.

Où que j'aille, et je multipliais les tentatives, aucun recoin de la pièce ne me mettait à l'abri de son regard puissant. Pendant un temps, je décidai de ne plus entrer seule dans la salle à manger de mes grands-parents. Comme Caïn, je cherchais un abri pour éviter l'œil. Mais à l'heure des repas, il me retrouvait toujours. Des années plus tard, il quitta même ce mur pour me poursuivre ailleurs. À la disparition de mes grands-parents, mon père décida d'installer le tableau chez nous, dans l'entrée de notre maison, et il devint dès lors inévitable. Jusqu'à ce que je quitte la maison de mes parents, j'ai vu Edgar chaque jour, et j'ai vu que chaque jour, il me voyait. J'ai appris à le regarder en retour, sans terreur, et j'ai fini par connaître chaque détail de son visage. Sur la peinture, il devait avoir la quarantaine, c'est-à-dire à peu près l'âge que j'ai aujourd'hui. La couleur de sa peau était étonnamment pâle, presque cadavérique.

J'ai récemment lu qu'au XIXe siècle, il était très commun de photographier ou de reproduire le visage des êtres chers, après leur mort. À peine un mourant rendait-il son dernier souffle qu'on appelait un artiste pour photographier le disparu et garder ainsi l'image de ses traits figés par la mort. Certains artistes allaient jusqu'à mettre en scène les macchabées : assis dans un fauteuil, adossés à une armoire, dans les bras d'un proche, ou même en train de lire. Aujourd'hui, cette mise en scène funèbre nous semblerait déplacée. On ne regarde plus, ou presque, le visage des morts.

La tradition juive l'interdit, purement et simplement. Elle exige que le visage des disparus reste couvert : pas question d'observer celui ou celle qui ne nous verra pas en retour. D'autres traditions religieuses encouragent, elles, un dernier regard au visage du défunt. Mais ce n'est généralement pas cette image que l'on cherche à immortaliser. On privilégie au contraire les photos des morts, prises à l'époque où ils étaient bien vivants.

J'y pense souvent lorsque j'aperçois, dans des cimetières, de petits portraits ovales encastrés dans les pierres tombales. Je me demande souvent pourquoi telle photo fut choisie plutôt qu'une autre.

Lorsque des hommes ou des femmes meurent à un âge avancé, qui décide de figer dans le marbre une image d'eux à quatre-vingt-dix ans, plutôt qu'à trente ans ? Pourquoi une photo, et une seule, raconterait-elle un être, en gelant pour l'éternité sa vie dans un seul temps ?

Faut-il raconter un disparu par le visage de sa maturité, par une photo de lui en poupon joufflu, ou en adolescent ? Quel âge voudrions-nous avoir pour toujours, dans la trace que nous laissons à ceux qui nous survivent ?

Sur son portrait au teint blafard, Edgar est bien vivant et dans la force de l'âge.

Il ne mourra que plusieurs décennies plus tard

et sera un jour enterré dans un petit cimetière juif d'Alsace, sur les terres qui furent le berceau de sa famille – la mienne.

Quant à moi, qui suis née quand il n'était plus, il me semble avoir su dès l'enfance que ce tableau établissait un pont entre les temps de nos vies, et racontait un morceau d'histoire évaporée. C'est elle qui me regardait droit dans les yeux.

L'histoire des juifs d'Alsace-Lorraine n'est pas simple à retracer. Les frontières mouvantes de ces terres racontent une identité complexe. Elles ont rendu nomades ceux qui y vivaient, même lorsqu'ils y étaient fixement installés. Elles ont fait se sentir étrangers des hommes et des femmes qui n'avaient pourtant jamais quitté les lieux. La culture d'Alsace-Lorraine est celle d'un entre-deux-mondes, et celle des juifs de ces régions est un peu plus interstitielle encore. Elle est la quintessence d'un entre-deux-terres. Ces gens qu'on a longtemps appelés « israélites » parce que « cela sonnait mieux que juifs » trouvèrent un jour refuge dans les campagnes où ils s'installèrent, entre les villes et entre les langues. Ils mêlèrent l'allemand, l'alsacien, le judéo-alsacien et l'hébreu à leur amour passionné de la France et du français. Ils grandirent entre plusieurs cultures, conscients que les frontières comme les identités sont plus mouvantes qu'on ne le dit. Ils établirent là un univers désormais presque intégralement disparu : celui de la ruralité juive de l'est de la France.

L'image du nomade cosmopolite colle à la peau du juif, à travers son histoire. On l'imagine en tout temps en chemin, errant de ville en ville, en attendant d'être expulsé. Mais on oublie qu'il a existé d'autres judaïsmes, enracinés et campagnards.

Les juifs d'Alsace-Lorraine ne possédaient aucune terre. On leur interdisait de devenir propriétaires. Cependant, dans les villages où ils s'établirent, ils furent invités à exercer un certain nombre de métiers traditionnels : marchands de bestiaux, enseignants, commerçants, ou plus rarement médecins.

Ils vivaient généralement en bonne entente avec la paysannerie locale, et cette cohabitation plutôt réussie laissa de nombreuses traces. Des synagogues, des écoles et des cimetières en témoignent. Il y eut là une vie juive fertile et implantée dans les campagnes, une ruralité israélite.

Cette identité inédite a fait dialoguer assez paisiblement pendant des siècles les voix de Caïn et d'Abel sur les terres d'Alsace-Lorraine. Comme Abel, ces hommes non propriétaires furent en charge de menus bétails, mais travaillèrent main dans la main avec ceux qui plantaient et cultivaient. Ils firent alliance avec un Caïn qui ne cherchait pas à les assassiner. Ils se crurent alors solidement implantés. Puis un jour, des fils de Caïn traquèrent à nouveau leurs frères et, comme l'Abel biblique, ils durent partir sans laisser de trace, s'évaporèrent de ces terres qu'ils avaient tant aimées. Après la guerre, l'exode et la déportation, très peu de survivants choisirent de s'y réinstaller. Leurs descendants n'y revinrent pas non plus.

Je n'y serais sans doute jamais retournée si, tandis que j'écrivais ce livre, un événement ne m'y avait ramenée. La voix des sangs de mes ancêtres est soudain montée depuis la terre.

Le 3 décembre 2019, le cimetière juif de Westhoffen fut profané. Une centaine de tombes furent taguées d'une croix gammée et des stèles renversées. Les coupables ne furent pas arrêtés. Mais les mêmes, ou leurs frères, avaient déjà frappé dans d'autres cimetières juifs de la région.

J'appris ce jour-là que ce petit cimetière était précisément celui de ma famille et que, dans ce village, pendant des générations, ma lignée paternelle avait vécu et été inhumée. Dans ce cimetière où je n'avais jamais mis les pieds, reposait « l'oncle Edgar ».

Celui dont j'avais passé des années à fuir le regard ressurgissait soudain dans mon histoire. Et je sus immédiatement qu'il me faudrait aller voir sa sépulture, et m'assurer que sa stèle, redressée et indemne, le laisserait dans la tombe fermer les yeux et reposer en paix.

Sur la route qui me menait à Westhoffen, j'ai pensé à une femme juive dont le nom ne cessait de résonner dans ma tête : Ruth Halimi. Je me suis souvenue du visage et surtout des paroles de cette mère à la dignité et au courage immenses. Après l'atroce assassinat antisémite de son fils Ilan par le gang des barbares, en 2006, et alors qu'il avait été inhumé en banlieue parisienne, elle prit la décision d'exhumer son corps et de le transporter pour qu'il soit enterré à Jérusalem, où il repose dorénavant. Interrogée sur cette décision, elle répondit, à ceux qui ne comprenaient pas son geste, qu'elle ne supporterait pas que la sépulture de son fils soit profanée. Elle craignait que, par-delà sa mort, certains ne cherchent encore à lui faire du mal, et elle voulait qu'en Israël, le repos de son fils ne risque plus jamais d'être troublé.

La suite de l'histoire lui donna raison : les stèles commémoratives à la mémoire d'Ilan Halimi firent régulièrement l'objet de profanations, et jusqu'à aujourd'hui, des arbres plantés à sa mémoire sont fréquemment arrachés de terre. La haine antisémite en veut aux juifs lorsqu'ils sont vivants, et leur en veut encore quand ils sont morts. Tout se passe comme si rien ne pouvait l'éteindre, pas même la disparition des corps. L'antisémite entend-il, lui aussi, la voix des sangs de nos frères qui hurlent depuis la terre ? S'imagine-t-il pouvoir la faire taire en s'en prenant aux morts ?

Je me suis promenée pendant des heures dans les rues de Westhoffen. J'avoue que quelque chose m'y semblait familier. J'aurais du mal à dire ce dont il s'agissait. La couleur des pierres ou l'odeur de vignobles, peut-être. Tout au bout d'une ruelle, j'ai trouvé la grande synagogue, déserte, vidée de ses bancs, de ses objets de culte et, bien entendu, de ses fidèles. Mais quelque chose, au cœur de cette absence, ne disait pas tant le vide que la trace qui perdure.

Dans les ruelles du centre du village, j'ai découvert que, sur chaque porte ou presque, cette trace était gravée. Elle prenait la forme d'encoches transversales creusées dans la pierre ou dans les poutres du linteau des portails. Bien entendu, je savais exactement ce que ces failles au seuil des maisons racontaient : une *mezouza* avait un jour été posée là, un boîtier contenant un parchemin que les juifs placent toujours à l'entrée de leurs habitations. Ici, disaient ces trous dans les murs, avaient vécu ceux qui n'y vivaient plus. Comme la *mezouza* de leurs portes, ils avaient été solidement installés là, puis un jour, ils avaient disparu. Il n'en restait rien ici, à part un vide gravé sur chaque maison, la trace d'une disparition qui montre combien l'évanescent laisse des marques indélébiles.

Selon la tradition juive, pour habiter un lieu, il faut y poser une *mezouza* bien sûr, un petit boîtier qui rappelle l'importance des portes et des passages dans nos vies. Mais il faut aussi, en principe, s'assurer que la maison réponde à un autre critère : depuis la destruction du Temple de Jérusalem, tout lieu d'habitation doit rester partiellement non construit. La tradition juive veut qu'on laisse toujours une petite fissure dans le mur, un pan de cloison non peint, ou un petit carrelage manquant dans un coin du sol. Il s'agit de laisser dans nos vies la trace de l'incomplétude, de savoir habiter un lieu où le manque a sa place.

Reconnaître la trace que laisse ce qui n'est plus, et l'entendre nous dire : Souviens-toi de ceux qui ne sont plus là.

J'ai poussé la porte du cimetière « israélite », tout au bout de la rue principale. Les gonds du portail semblaient rouillés et il fallait appuyer très fort, comme si les morts avaient trouvé moyen de barrer l'accès aux vivants, pour mieux se protéger. Je me suis mise à la recherche des tombes de mes ancêtres, mais, avant de les retrouver, j'ai découvert qu'ils y reposaient en bonne compagnie.

Dans ce minuscule village alsacien, sont enterrés les ancêtres d'illustres familles : les aïeux de Robert Debré, mais aussi ceux de Karl Marx, et de Léon Blum. Y reposent les ancêtres du Grand Rabbin Guggenheim, ceux du mathématicien Laurent Schwartz ou de la journaliste Anne Sinclair.

Le tout petit cimetière israélite de Westhoffen fait un peu figure de Who's Who funéraire des grandes lignées juives françaises. Tout se passe comme si ce minuscule village avait accueilli et nourri pendant un temps les graines d'arbres partis pousser ailleurs, fertiliser des terres ou des esprits dans le monde, s'engager pour la République, pour la science, la médecine, le communisme ou la pensée religieuse. Sur quelques kilomètres carrés sont plantées les racines d'hommes et de femmes partis ailleurs, parfois très loin, tenter d'être à leur manière « les gardiens de leurs frères ». Dans leurs parcours respectifs, qu'ont-ils réellement emporté de la terre de Westhoffen ? Qu'y ont-ils laissé de leur histoire ?

Pour décrire ce que j'ai ressenti dans ce cimetière, un mot me vient à l'esprit : celui de « solastalgie ». Ce concept, inventé au début des années 2000 par un philosophe australien, décrit une nostalgie d'un type particulier, celle d'un lieu où l'on se trouve mais dont on sait pourtant qu'il n'existe plus. Ce qui était n'est plus, mais les traces d'un monde disparu en conservent le souvenir aussi solidement que s'il était indemne.

J'ai finalement retrouvé la tombe d'Edgar, et sa stèle posée juste à côté de celle de ses parents, mes arrière-arrière-grands-parents. J'y ai lu silencieusement un kaddish, en comptant à mes côtés tous les absents de ce *minyan* fantôme, un quorum virtuel.

Au tout début de l'Histoire, un homme tue son frère, et cette violence hurle jusqu'à la fin des temps. Elle réverbère et pousse d'autres Caïn à se lever pour reproduire ce geste à chaque génération. Il s'agit toujours de se débarrasser d'Abel, d'effacer tout ce qui vient nous rappeler que rien ne dure, qu'il faudra faire avec le manque et renoncer à tout ce qu'on acquiert.

Un homme dans la Bible l'a un jour énoncé mieux

que personne. Il s'appelait Salomon et fut roi de Jérusalem. Dans la Bible, il est par excellence l'homme de la possession. Il amasse dans son existence des biens, de la richesse, de l'argent, des femmes. Il construit des palais, plante des arbres, récolte des fruits et amasse des trésors. Il jouit d'un pouvoir considérable et tangible, à l'image des fils de Caïn.

À la fin de sa vie, il rédige un livre nommé l'Ecclésiaste, un parchemin dans lequel il répète cette phrase, connue de tous : « Vanité des vanités, tout est vanité ! » Ce verset est l'un des plus célèbres de la Bible.

Il est aussi l'un des plus mal traduits.

En hébreu, Salomon l'énonce ainsi : « *Havel Havalim Hakol Havel*[1]. » Le roi de Jérusalem ne parle d'aucune vanité, mais dit littéralement : « Buée des buées, tout est buée. » Ou plus simplement encore : « Abel des Abel... tout est Abel ! »

Ainsi parle le sage, le propriétaire, le sédentaire, l'homme qui a acquis des biens et a cru en la stabilité du monde. Il reconnaît que tout est Abel. Tout ce que nous construisons solidement finit par s'user ou par disparaître, tandis que ce qui est fragile, éphémère et faillible, laisse paradoxalement des traces indélébiles dans le monde. La buée des existences passées ne s'évapore pas : elle souffle dans nos vies et nous mène là où nous ne pensions jamais aller.

---

1. Ecclésiaste 1:2.

Penchée sur la tombe d'Edgar, un Abel parmi tant d'autres, j'ai fermé les yeux. Quand je les ai rouverts, j'ai soudain vu où était planté ce petit village à l'histoire si particulière. Sur les hauteurs de la commune, au-dessus du cimetière, à perte de vue s'étendaient des forêts. En apercevant ces arbres fruitiers, je me suis souvenue de ce que le panneau à l'entrée du village affichait fièrement. « WESTHOFFEN : CAPITALE MONDIALE DE LA CERISE D'ALSACE. »

Soudain, m'est apparue une évidence au goût sucré. Mes racines, comme celles de ces cerisiers, ont poussé là. La bêtise, la jalousie ou la peur ont tenté de les arracher, d'éliminer les traces de cet ancrage, de déloger les vivants, et même les morts. Mais les êtres humains, et les cerisiers, replantés loin de leur terre d'origine, donnent des fruits qui ont une étrange mémoire, celle du champ qui les a un jour abrités.

Dans leur chair rouge qui coule comme du sang, crient les sangs de leurs ancêtres.

Les cerises de Westhoffen, tout comme ses enfants, ne meurent jamais vraiment. Elles se conservent même lorsqu'elles sont arrachées à leur terre. Il suffit de les plonger dans l'eau-de-vie, une eau qui de génération en génération leur fait répéter « *LeH'ayim !* », « À la vie ! ».

Table

DE LA MÊME AUTRICE :

EN TENUE D'ÈVE, *Féminin, pudeur et judaïsme*, Grasset, 2013.

COMMENT LES RABBINS FONT LES ENFANTS, *Sexe, transmission, identité dans le judaïsme*, Grasset, 2015.

DES MILLE ET UNE FAÇONS D'ÊTRE JUIF OU MUSULMAN (dialogue avec Rachid Benzine), Seuil, 2017.

RÉFLEXIONS SUR LA QUESTION ANTISÉMITE, Grasset, 2020.

COMPRENDRE LE MONDE, Seuil, 2020.

LE RABBIN ET LE PSYCHANALYSTE, *L'exigence d'interprétation*, Hermann, 2020.

IL N'Y A PAS DE AJAR, *Monologue contre l'identité*, Grasset, 2022.

PAPIER À BASE DE FIBRES CERTIFIÉES

Le Livre de Poche s'engage pour l'environnement en réduisant l'empreinte carbone de ses livres. Celle de cet exemplaire est de :
200 g éq. CO_2
Rendez-vous sur www.livredepoche-durable.fr

Composition réalisée par MAURY-IMPRIMEUR

Achevé d'imprimer en France par
CPI BRODARD & TAUPIN (72200 La Flèche)
en septembre 2022
N° d'impression : 3049627
Dépôt légal 1re publication : octobre 2022
LIBRAIRIE GÉNÉRALE FRANÇAISE
21, rue du Montparnasse – 75298 Paris Cedex 06

65/8529/9